Martin Weissensteiner

Digitalisierung des Transportprozesses

Martin Weissensteiner

Digitalisierung des Transportprozesses

Digitalisierung anhand eines praktischen Beispiels

Lehrbuchverlag

Imprint

Cover image: www.ingimage.com

Publisher:
Der Lehrbuchverlag
is a trademark of
International Book Market Service Ltd., member of OmniScriptum Publishing Group
17 Meldrum Street, Beau Bassin 71504, Mauritius

Printed at: see last page
ISBN: 978-620-0-44456-1

Digitalisierung des Transportprozesses

Digitalisierung anhand eines praktischen Beispiels

Martin Weissensteiner

Inhaltsverzeichnis

Abstrakt

Die Digitalisierung von Transportprozessen birgt ein großes Potential für die Unternehmen in der Logistiksparte und wird im Zuge dieser Arbeit beleuchtet. Dieses Werk untersucht einen Ablaufprozess der Firma Schachinger Logistik Holding GmbH, der abgearbeitet wird, um einen Transportauftrag zu erledigen. Der Prozess wurde analysiert und einzelne Prozessschritte wurden mit Hilfe eines selbst implementierten Prototypen einer Webplattform digitalisiert. Vor allem die Vielzahl an unterschiedlichen Programmen und Kommunikationsformen im Prozess bildeten ein Verbesserungspotential. Hauptgründe für die Digitalisierung in Form einer Webplattform waren der einfachere Datenaustausch mit Transportdienstleistern und Kunden, Nachhaltigkeit, durch weniger Papierverbrauch, sowie die einfachere und effizientere Ausführung der Tätigkeiten durch die Reduzierung der unterschiedlichen Kommunikationsformen und Programme. Bestehende Logistiksoftware in diesem Bereich wurden kurz vorgestellt, wurden aber nicht verwendet, weil keines der vorgestellten Logistikprogramme die Anforderungen hinsichtlich Offenheit, Erreichbarkeit, Usability und Design voll und ganz erfüllen konnte. Der programmierte Prototyp besitzt ein anpassbares Design, kann also auf Geräten mit unterschiedlichen Displaygrößen aufgerufen werden, ist einfach und intuitiv anzuwenden, kann die Ausführung von Aufträgen automatisch bewerten, kann Frächter über neue Aufträge per Email informieren, verfügt über eine Benutzerverwaltung, sowie über eine automatische Lademittelzuordnung für Paletten. Außerdem bietet er allen drei Rollen (Mitarbeiter, Kunde und Transportdienstleister), die im Prozess involviert sind, alle notwendigen Funktionen, um einen Transportauftrag abzuschließen. Die Eigenimplementierung speichert alle Daten in einem Datenbankmodell, das mit einer SQL-Datenbank realisiert wurde. Umgesetzt wurde der Prototyp mit der Java-Technologie und den Programmen Eclipse, Vaadin Framework und XAMPP. Außerdem wurden weitere Möglichkeiten zur Digitalisierung aufgezeigt. Konkret wurden hier die Themen „Augmented Reality und Smart Glasses“, „Drohnen“, „Ladungsidentifikation und Objektverfolgung“, „Prädikative Analyse und Wartung“ und „Selbstfahrende Landfahrzeuge“ beschrieben. Abschließend wurde im Werk anhand eines Beispiels erklärt, wie man den Prototyp erweitern könnte und zusätzliche Applikationen einbinden könnte.

Schlüsselwörter

Digitalisierungsmöglichkeiten des Transportprozesses, Bestehende Logistikprogramme, Trends der Logistik, Praktisches Beispiel für die Digitalisierung eines Prozesses im Transportauftragswesen

1. Einleitung

Digitalisierung und Industrie 4.0 sind Schlagwörter, die aktuell sehr oft genannt und diskutiert werden, wenn es um zukünftige Trends, Chancen, aber auch Risiken in der Wirtschaft geht. Bei der Industrie 4.0 handelt es sich um die vierte industrielle Revolution. Das Hauptaugenmerk bei diesem neuen Abschnitt im Wertschöpfungsprozess eines Produktes liegt auf der Vernetzung und dem Informationsaustausch zwischen Maschine, Mensch und dem Produkt beziehungsweise der Dienstleistung. Weiters werden bei der Industrie 4.0 den Themen Individualisierung, Hybridisierung und das Einbinden von Kunden mehr Beachtung geschenkt. Mit

Hybridisierung ist in diesem Zusammenhang die Kopplung von Produktion und Dienstleistung gemeint. Durch die Industrie 4.0 ergeben sich einige Änderungen im Prozess und somit auch Chancen und Risiken. Eine Änderung, die mit der Industrie 4.0 hergeht, ist die Digitalisierung der Prozesse. [1]

Auch in der Transportwirtschaft und Logistik ist die Digitalisierung ein wichtiger Trend. Es gibt bereits einige Studien, die sich mit den Trends und den Zukunftsaussichten in der Logistikbranche befassen, aber keine dieser Studien kommt in diesem Bereich aktuell an dem Thema „Digitalisierung“ vorbei.

Eine dieser Studien [2] hat das österreichische Bundesministerium für Verkehr, Innovation und Technologie im Oktober 2016 mit dem Titel „Industrie 4.0 und ihre Auswirkungen auf die Transportwirtschaft und Logistik“ (Kurzform: IND4LOG4) veröffentlicht. Aus dieser Studie geht unter anderem hervor, dass Experten aus Wirtschaft und Forschung die Digitalisierung als ein sehr wichtiges Thema in der Transportwirtschaft und Logistik ansehen. Das Thema bietet viele Chancen und Möglichkeiten in diesem Bereich, aber auch Risiken. Je nach Entwicklung dürften laut Prognosen durch die Digitalisierung in der Logistik mittelfristig Wachstumseffekte von + 0,3 oder + 0,7 Prozent pro Jahr erwartet werden. Außerdem erwartet man sich effizientere Abläufe durch die verstärkten Vernetzungen zwischen dem Transportunternehmen, dem Frächter und dem Kunden stattfinden. Außerdem erwartet man sich, zu jeder Zeit Informationen über den Produktionsablauf zu haben und schneller Eingriffe vornehmen können. Die befragten Unternehmen dieser Studie attestieren den folgenden Trends große Chancen beziehungsweise Risiken: [2]

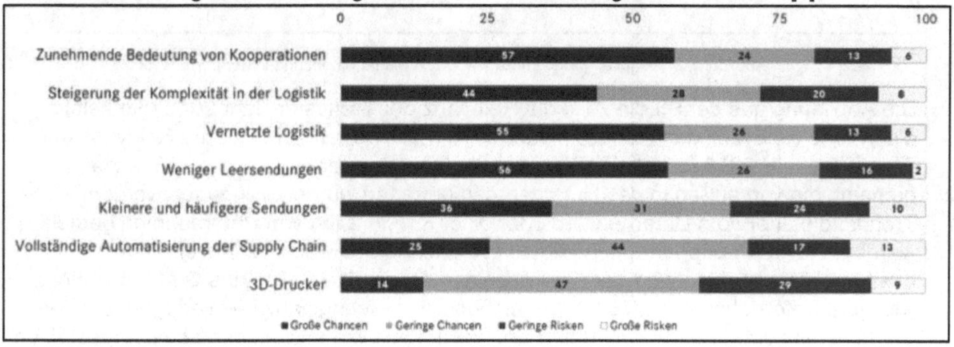

Abbildung 1: Unternehmen beurteilen Trends als Chance beziehungsweise als Risiko (in Prozent) [2]

Aus der Befragung der Experten geht hervor, dass die zunehmende Bedeutung von Kooperationen, die vernetzte Logistik und weniger Leersendungen die Trends mit dem größten Potenzial in der Logistiksparte sind. [2]

Auch das deutsche Bundesministerium für Verkehr und digitale Infrastruktur hat im Jahr 2017

eine Studie [3] über die Entwicklung und zukünftige Prognosen im Logistikbereich herausgegeben. In dieser Studie wurde das Thema Digitalisierung vom Expertenkreis der Studie zum wichtigsten Megatrend beziehungsweise Treiber gekürt. Auch in dieser Studie erwartet man sich viele positive Effekte durch die Digitalisierung in der Logistik. Man geht davon aus, dass die Digitalisierung und deren Geschäftsmodelle der Schlüssel zu Kostenreduktionen und neuen Geschäftsfeldern ist. Laut der

Onlinebefragung der Studie, bei der mehr als 1000 Personen aus siebzehn Ländern befragt wurden, sind folgende Trends im Supply Chain Management und in der Logistik relevant: [3]

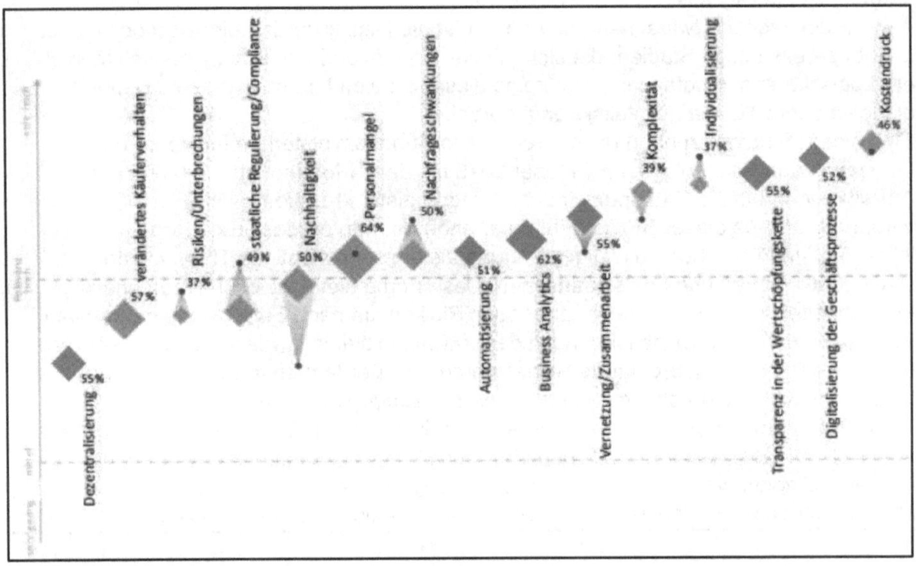

Abbildung 2: Aktuelle Trends im Supply Chain Management und in der Logistik [3]

Die Abbildung aus der Studie zeigt die Relevanz der Trends im Jahr 2012 (dunkelblau), die interne Relevanz der Trends im Jahr 2016 (hellblau) und die externe Relevanz der Trends im Jahr 2016 (orange). Mit externer oder exogener Relevanz sind Trends gemeint, die von außen in das Unternehmen getragen wurden. Hingegen werden Trends, die eher vom Unternehmen oder einer Kooperation von Unternehmen getrieben werden, als intern oder endogen relevant bezeichnet. Je weiter rechts ein Trend steht, desto mehr Bedeutung wird dem Trend beigemessen. Die Größe des Quadrates gibt an, wie viele Unternehmen nicht über ausreichend Anpassungsfähigkeit verfügen, um den Trend aktuell umzusetzen. Die Befragung zeigt, dass wie auch in der zuvor vorgestellten Studie, die Digitalisierung von Geschäftsprozessen, die Vernetzung und die Kooperation wichtige Trends in der Logistikbranche sind. [3]

Neben den Chancen weist die Studie aber auch auf neue Probleme hin, die durch die Digitalisierung entstehen könnten. Vor allem die Gewinnung von qualifiziertem Personal, wie von Softwareentwicklern und Datenanalysten, wird in diesem Zusammenhang angeführt. Aber auch das steigende Risiko in Bezug auf Cyberangriffe, Datenverlust und Geschäftsausfällen wird in der Studie thematisiert. Um diese Risiken zu minimieren, ist ein intelligentes Sicherheitsmodell von Nöten. [3]

Laut einer Studie der Unternehmensberatung Roland Berger sind trotz der Risiken 95 Prozent der befragten Logistikunternehmen der Meinung, dass die Digitalisierung die Logistikbranche vollständig oder teilweise verändern wird. Weiters geben 69 Prozent der Befragten an, dass aktuell die Umsetzung von weiteren Maßnahmen zur Digitalisierung an fehlendem qualifizierten Personal und Wissen im Bereich der Digitalisierung

scheitert. 54 Prozent gaben an, dass die Maßnahmen wegen fehlender Unterstützung der Geschäftsführung oder der Mitarbeiter auf Eis liegen. [4]
Die Logistikunternehmen erwarten sich laut einer Studie der Software AG vor allem Verbesserungen in den folgenden Bereichen, durch die Digitalisierung: [5]

- Erhöhte Transparenz im Liefernetzwerk (81 Prozent)
- Effizientere Planung von Lieferrouten (65 Prozent)
- Flexiblere Reaktionen auf unerwartete Ereignisse (64 Prozent) und
- Einen verbesserten Lieferservice (60 Prozent).

Die vorgestellten Studien untermauern das enorme Potenzial und die Wichtigkeit der Digitalisierung und der Vernetzung für Logistikunternehmen. Leider kommt es aber auch immer wieder zu Fehlschlägen und Stillständen beim Versuch, Maßnahmen im Bereich der Digitalisierung umzusetzen. Das belegt unter anderem die vorgestellte Befragung der Unternehmensberatung Roland Berger [4]. An diesem Punkt setzt diese Masterarbeit an und beschreibt das Problem und die Auswirkungen in der Problemstellung anhand eines realen Prozesses des Spediteurs Schachinger Logistik Holding GmbH. Die Arbeit soll unter anderem aufzeigen, wie bei der Digitalisierung eines Prozesses des Transportauftragswesens von einem realen Unternehmen vorgegangen werden kann.

1.1. Problemstellung

Der Prozess eines Spediteurs bei einem Transportauftrag, ist meist komplex und geht mit dem Einsatz einer Vielzahl von Kommunikationsformen und Programmen einher. Der Spediteur muss mit den Kunden und den Frächtern in Kontakt stehen und versuchen, möglichst schnell einen passenden Frächter und eine passende Transportroute für eine Vielzahl an Aufträgen zu finden. Darüber hinaus sollte der Spediteur auch die Auslastung der Transportfahrzeuge im Blick behalten, um möglichst effiziente Transportfahrten zu generieren und so Geld zu sparen. Dabei gilt es zu beachten, dass eventuell Zwischenziele definiert wurden und unterschiedliche Waren auch unterschiedliche Transportfahrzeuge brauchen. Lebensmittel müssen zum Beispiel stetig gekühlt werden und somit gewährleistet werden, dass die Kühlkette nicht unterbrochen wird. Schwere Waren benötigen eventuell ein Transportmittel mit Kran, um ein Laden beziehungsweise Entladen der Ware zu ermöglichen. Zusätzlich muss auch der Lademittelaustausch, wie der Austausch von Paletten und Gitterboxen mit dem Kunden und dem Frächter, berücksichtigt und dokumentiert werden, um zu wissen, wo die eigenen Lademittel aktuell im Einsatz sind und wer sie benutzt. Die Verwaltung der Dokumente, wie der Rechnungen, Lieferscheine und Frachtbriefe der Frächter und der Auftragsbestätigung der Kunden und die richtige Weitergabe von auftragsrelevanten Daten an die jeweiligen Kunden und Frächter sind weitere Aufgaben, mit denen sich der Spediteur beschäftigen muss.
Das praktische Beispiel, das den Prozess des Transportauftragswesens der Firma Schachinger Logistik Holding GmbH beleuchtet, zeigt, dass all die Informationen, die für die Ausführung des Prozesses notwendig sind, meist über unterschiedliche Kommunikationsformen ermittelt und in unterschiedlichen Programmen gespeichert oder in Papierform abgelegt werden. Das macht den Prozess undurchsichtig, ineffizient und nicht nachhaltig. Die Ausführung des Prozesses in dieser Form ist auch für die Mitarbeiter des Spediteurs unnötig kompliziert und zeitraubend. Es müssen mehrere

Programme verwendet werden, um alle Daten eines Auftrages anzulegen, zu ändern oder einzusehen. Eine Zielsetzung dieses Werkes ist es, den Prozess einfacher, transparenter, effizienter und nachhaltiger zu gestalten.

1.2. Zielsetzung

Im Zuge dieser Arbeit soll der aktuelle Ablaufprozess für einen typischen Transportauftrag der Firma Schachinger Logistik Holding GmbH analysiert werden. Anschließend sollen Prozessschritte identifiziert werden, die sich für eine Digitalisierung anbieten. Darüber hinaus sollen bestehende Logistikprogramme analysiert und beschrieben werden. Zudem soll geprüft werden, ob sie die Programme für einen Einsatz im Unternehmen Schachinger Logistik Holding GmbH eignen würden und den Anforderungen entsprechen. Sollte keine bestehende Logistiksoftware in der Lage sein, die Anforderungen des Familienunternehmens zu erfüllen, sollen die identifizierten Prozessschritte mit Hilfe eines Webplattformprototyps digitalisiert und getestet werden. Die Implementierung des Prototyps soll das große Potenzial der Digitalisierung und die damit einhergehenden Vorteile aufzeigen, die in den zuvor vorgestellten Studien von Experten der Logistikbranche, der Digitalisierung bescheinigt wurden. Durch den Bau vom Prototyp soll der Nutzen der Digitalisierung in diesem Bereich besser einschätzbar werden. Alle Kunden, alle Frächter und alle Mitarbeiter der Firma Schachinger Logistik Holding GmbH sollen den Prototypen aufrufen können und somit ein Daten- und Informationsaustausch über eine Kommunikationsform ermöglichen. Die Webplattform soll außerdem von verschiedenen Geräten, wie Smartphones, Laptops und Standrechner, aufrufbar sein, einfach und intuitiv aufgebaut sein, offen sein, erweiterbar sein und den grafischen Vorgaben der Firma Schachinger Logistik Holding GmbH entsprechen. Zusätzlich sollen noch weitere Möglichkeiten zur Digitalisierung in der Logistikbranche ermittelt werden, die weitere Vorteile durch den höheren Grad der Digitalisierung einbringen könnten. Aus dieser Zielsetzung wurden die folgenden Forschungsfragen ausgearbeitet und in der Arbeit beantwortet:

- Welche Prozessschritte des Transportauftragswesens können/sollen in der Firma Schachinger Logistik Holding GmbH digitalisiert werden?
- Wie soll das bewerkstelligt werden? (Workflow / User Interface)
- Vorstellung und Bewertung bestehender Logistiksoftware. Warum ist die Verwendung einer bestehenden Lösung oder einer Eigenimplementierung sinnvoll?
- Was hat das für einen Nutzen?
- Wo liegt weiteres Potenzial? („Edge of innovation")

Der Prototyp, der im Zuge dieser Masterarbeit entwickelt wird, soll in Zukunft Teil einer größeren Softwarelösung sein. Er soll die wichtigsten Funktionen die für eine Zusammenarbeit zwischen Kunde, Frächter und Spediteur notwendig sind abbilden. Die notwendigen Funktionen werden in dem Kapitel 5.4 näher beschrieben. Außerdem soll es die Möglichkeit geben, den Prototypen in Zukunft mit weiteren Funktionen auszustatten, beziehungsweise die Daten, die gesammelt wurden, auch für andere Tools und Programme zu verwenden. Daraus resultiert, dass der Prototyp das Potenzial zum Herzstück einer zukünftigen Softwarelösung haben soll, auf dem andere Programme und Funktionen aufbauen. Ähnliche Plattformen, die aber andere Bereiche im Logistikprozess fokussieren, sind zum Beispiel bereits bei Daimler Trucks [6] und Scania [7] in Verwendung. Bei beiden Plattformen stehen eher der Transport und das Tracking im Vordergrund und nicht die Abhandlung von Transportaufträgen. Eine nähere Beschreibung zur zukünftigen Verwendung des Prototyps gibt es im sechsten Kapitel. Durch die Offenheit und die Erweiterbarkeit soll der Prototyp auch ein Schritt in Richtung „Physical Internet“ sein. Das Konzept und die Idee, die hinter dem Begriff „Physical Internet“ steht, werden im Grundlagenkapitel 2.1 näher erklärt.

Kapitel zwei beschreibt die Grundlagen der Arbeit. Im Grundlagenkapitel werden relevante Konzepte, wie das Physical Internet, bereits existierende Logistiksoftware und weiterführende Literatur erläutert. Das Unterkapitel weiterführende Literatur beschäftigt sich mit einigen ähnliche Arbeiten, die es auf diesem Gebiet bereits gibt und grenzt die bestehenden Arbeiten von dieser Arbeit ab. Das dritte Kapitel gibt einen Überblick über den praktischen Prozess, der analysiert wird, und über das dazugehörige Unternehmen Schachinger Logistik Holding GmbH. Zum Ende des Kapitels wird aufgezeigt, welchen Nutzen die Digitalisierung einzelner Prozessschritte im Arbeitsablauf der Firma Schachinger Logistik Holding GmbH hat und weshalb keine bestehende Logistiksoftware verwendet wird. Zu Beginn von Kapitel vier wird definiert, welche Anforderungen an den Prototypen gestellt werden. Anschließend wird die Architektur, das zugrundeliegende Datenmodell, sowie die einzelnen Formulare, Eingabemasken und Funktionen vom Prototyp erklärt. Das fünfte Kapitel begründet die Technologie- und Werkzeugentscheidungen, die für den Prototyp verwendet wurden. Über die weitere Vorgehensweise im Projekt gibt das Kapitel sechs Auskunft. Im siebten Kapitel werden die Maßnahmen, die man noch setzen könnte in der Logistikbranche, um die Digitalisierung weiter zu forcieren, angegeben. Die wichtigsten Erkenntnisse und Resultate werden im Kapitel acht dokumentiert.
Im nachfolgenden Kapitel werden die Grundlagen in Form der Konzepte, der weiterführenden Literatur und der existierenden Systeme vorgestellt, die relevant für die Masterarbeit sind. Die weiterführende Literatur und die existierenden Systeme sollen aufzeigen, welche Arbeiten bereits auf diesem Gebiet realisiert wurden und welche bestehenden Logistikprogramme auf dem Markt zum aktuellen Zeitpunkt bereits existieren.

2. Grundlagen

Wie bereits erwähnt, befasst sich dieses Kapitel der Arbeit mit den relevanten Konzepten zur Arbeit und mit weiterführender Literatur. Das Unterkapitel „Weiterführende Literatur“ beschäftigt sich mit ähnlichen Arbeiten und grenzt diese Arbeiten von meiner Arbeit ab. Neben den bereits erwähnten Themen werden in diesem Kapitel auch bereits existierende Systeme dokumentiert. Mit bereits existierenden Systemen sind Unternehmen gemeint, die Logistiksoftware anbieten. In diesem Unterkapitel werden die Unternehmen und ihre Produkte kurz beschrieben und erklärt, warum eine Eigenimplementierung eines Prototyps sinnvoll ist.

2.1. Konzepte

Zu Beginn des Kapitels möchte ich kurz auf relevante Konzepte, die für die Masterarbeit wichtig sind, näher eingehen. Ein essentielles Konzept in der Arbeit ist das Konzept vom

„Physical Internet“. Mit Hilfe der Webplattform will der Spediteur Schachinger Logistik Holding GmbH unter anderem einen Schritt Richtung „Physical Internet“ machen.

2.1.1. Physical Internet

Der Begriff „Physical Internet“ wurde zum ersten Mal auf der Titelseite der Zeitschrift „The Economist“ publiziert. Die Idee und das Konzept, dass sich hinter dem Begriff verbirgt, wurde von Benoit Montreuil entwickelt, der Professor für „Material Handling and Distribution“ am Georgia Institute of Technology ist. [8]
Der Professor behauptet, dass aktuell der Transport, die Behandlung, die Lagerung, die Realisierung, die Auslieferung und die Nutzung von physikalischen Objekten weltweit gesehen nicht nachhaltig ist aus ökonomischer, ökologischer und sozialer Sicht. Sein Ziel ist es, die globale Nachhaltigkeit auf diesem Gebiet weltweit zu ermöglichen und seine Vision von der Entwicklung eines weltweiten physikalischen Internets umzusetzen. Das Ziel der globalen Nachhaltigkeit von Montreuil lässt sich in drei Teilziele aufteilen, und zwar in das ökonomische Ziel, das ökologische Ziel und das gesellschaftliche Ziel. Das ökonomische Ziel umfasst große Fortschritte in der globalen Logistik, Produktion, Transport und Geschäftsproduktivität. Das ökologische Ziel besteht aus der drastischen Reduzierung vom gesamten Energieverbrauch und Treibhausgas Emissionen. Die Lebensqualität von Menschen, die in der Logistiksparte tätig sind, und gleichzeitig das Wohl der gesamten Bevölkerung zu verbessern, indem wertvolle und benötigte Objekte weltweit zugänglicher gemacht werden, ist die Zielsetzung für das gesellschaftliche Ziel. [9]
Aber auch die Logistikunternehmen würden vom „Physical Internet“ profitieren. Durch die weltweite und effiziente Planung der Transporte würde es zu weniger Verkehr, zu kürzeren Transportzeiten, optimale Auslastung der Kapazitäten, weniger Personalkosten und weniger Leerfahrten kommen. [10]

Symptome der Nichtnachhaltigkeit
Die Behauptung des aktuell nicht nachhaltigen Umgangs von physikalischen Objekten untermauert Montreuil mit dreizehn Symptome der Nichtnachhaltigkeit: [9]

1. *Luft und Verpackung wird transportiert*

Transportmittel wie Lastkraftwagen, Schiffe oder Flugzeuge sind bei der Abfahrt häufig nur zur Hälfte befüllt und die Hälfte, die befüllt ist, besteht zu einem erheblichen Teil aus Verpackungen. [9]

2. *Leerfahrten sind eher die Regel als die Ausnahme*

Bei der Rückfahrt sind viele Transportmittel leer oder müssen größere Umwege in Kauf nehmen, um eine Ladung für die Rückfahrt zu erreichen. [9]

3. *Fernlastfahrer: moderne Cowboys*

Fernlastfahrer sind oftmals lange Zeit unterwegs und weit weg von zu Hause. Das hat negative Auswirkungen auf ihre Gesundheit und das soziale Leben. [9]

4. *Produkte lagern meist nutzlos dort, wo sie nicht benötigt werden und sind nicht verfügbar, wo sie gebraucht werden*

Obwohl Produkte oftmals in großen Mengen in Lagerhäusern und Verteilerzentren gelagert werden, sind die Reaktionszeiten und das Serviceniveau gegenüber eines lokalen Nutzers meist eingeschränkt und unzuverlässig. [9]

5. *Produktion und Lagerraum bleiben unausgelastet*

Viele Unternehmen haben riesige Lagerräume die schlecht ausgelastet sind, oder Produktionen und Lagerräume, die einen suboptimalen Standort haben und somit unnötige Transporte benötigen. [9]

6. *Viele Produkte werden nie verkauft und/oder nie verwendet*

Ein wesentlicher Teil der Verbrauchsgüter bleibt unverkauft und/oder ungenutzt, obwohl die Güter in anderen Regionen gefragt wären. [9]

7. *Produkte erreichen nicht diejenigen, die sie am meisten brauchen*

Vor allem in Entwicklungsländern und Regionen, die Opfer von Katastrophen und Krisen wurden, erhalten die benötigten Produkte nicht. [9]

8. *Produkte wandern unnötigerweise kreuz und quer auf dem Globus*

Da viele Produkte weit weg vom Nutzungsort produziert werden entstehen Tausende von Kilometern unnötiger Transportweg. [9]

9. *Schneller, zuverlässiger, multimodaler Transport: Traum oder Witz?*

Allgemein gesehen sind multimodale Reiserouten riskant und aus Kostensicht ineffizient, was durch die schwache Synchronisation und die schlecht konzipierten Schnittstellen verursacht wird. [9]

10. *Ein Albtraum: Produkttransport in und aus den Städten heraus*

Viele Städte sind nicht dafür ausgelegt und ausgestattet, den Produkttransport zu erleichtern. Das macht den Transport zu Unternehmen und Endkunden in Städten zum Albtraum. [9]

11. *Netzwerke sind weder sicher noch robust*

Durch die beschränkte Anzahl an zentralisierten Produktions- und Verteilungseinrichtungen kommt es zu reduzierten, intensiv genutzten Routen. Das macht die Netzwerke anfällig hinsichtlich Naturkatastrophen, Angriffe jeglicher Art und Nachfragekrisen. [9]

12. *Intelligente Automation und Technologie sind schwer zu rechtfertigen*

Die große Anzahl von Materialien, Formen und Einheitsladungen, mit der die Transportmittel, die verschiedenen Systeme und Einrichtungen konfrontiert werden, rechtfertigen kaum Automation und Technologie. Zusätzlich muss es lokale und unabhängige Verhandlungen mit jedem Akteur geben. [9]

13. *Innovation wird stranguliert*

Durch den Mangel an generischen Standards, Protokollen, Transparenz, Modularität und einer offenen Infrastruktur kommt es zu keinen wesentlichen Innovationen. Stattdessen kommt es lediglich zu kleinen Innovationen. [9]

Die nachfolgende Abbildung listet nochmals alle Symptome der Nichtnachhaltigkeit auf und gibt an, ob sie aus ökonomischer, ökologischer oder sozialer Sicht nicht nachhaltig sind.

	Nicht-Nachhaltigkeits-Symptome	Ökonomisch	Ökologisch	Gesellschaftlich
1	Luft und Verpackung wird transportiert	●	●	
2	Leerfahrten sind eher die Regel als die Ausnahme	●	●	
3	Fernlastfahrer: moderne Cowboys	●		●
4	Produkte lagern meist nutzlos dort, wo nicht benötigt und sind nicht verfügbar dort, wo sie gebraucht werden	●		●
5	Produktion und Lagerraum bleiben unausgelastet	●	●	
6	Viele Produkte werden nie verkauft, nie verwendet	●	●	●
7	Produkte erreichen nicht diejenigen, die sie am meisten brauchen	●		●
8	Produkte wandern unnötigerweise kreuz und quer auf dem Globus	●	●	●
9	Schneller, zuverlässiger, multimodaler Transport: Traum oder Witz?	●	●	●
10	Ein Alptraum: Produkttransport in und aus den Städten heraus	●	●	
11	Netzwerke sind weder sicher noch robust	●		●
12	Intelligente Automation und Technologie sind schwer zu rechtfertigen	●		●
13	Innovation wird stranguliert	●	●	●

Abbildung 3: Symptome der Nichtnachhaltigkeit [9]

Kerneigenschaften

Um seine Vision in die Realität umzusetzen, hat Montreuil dreizehn Kerneigenschaften definiert, die bei der Realisierung der Vision behilflich sein sollen: [9]

1. *Güter in Containermodule nach globalen Standard anpassen*

Schlüsselelemente für die nötige Interoperabilität und somit ein funktionierendes physikalisches Internet sind die π-Container. Dabei handelt es sich um Container, die in verschiedenen nutzungsangepassten und strukturellen Größen angeboten werden und aus umweltfreundlichen Material bestehen. Zusätzlich sollen die Container aus Sicherheitsgründen versiegelbar sein und zusätzlich modularisiert und standardisiert sein. Die Modularisierung und Standardisierung der Container erlaubt einen einfachen

Transport und eine einfachere Lagerung. Die nachfolgende Abbildung zeigt ein Beispiel, wie solche Container aussehen könnten. [9]

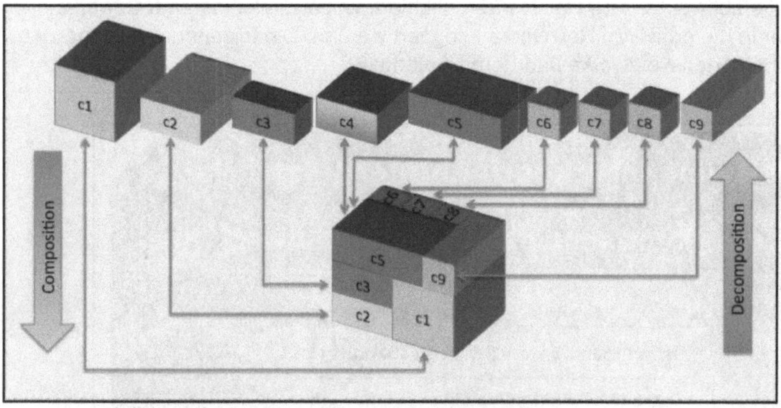

Abbildung 4: Beispiel für modulare und standardisierte π-Container [8]

2. *Universelle Interkonnektivität anstreben*

Ein weiteres universelles Ziel für die Umsetzung des physischen Internets ist die universelle Interkonnektivität. Dieses Ziel kann durch die schnelle, günstige, einfache und zuverlässige Containerverbindung, die von Hochleistungs-Logistikzentren und -Systemen ermöglicht wird, realisiert werden unabhängig von Modalität und Route. [9]

3. *Lagerungs- und Behandlungssysteme von Material zu π-Container konvertieren*

Schnelle, günstige, einfache und zuverlässige Lagerung, Komposition, Dekomposition, Schutz, Beladung und Entladung mit Hilfe von innovativen Technologien und Prozessen, die die Eigenschaften der π-Container optimal nutzen. [9]

4. *Intelligente vernetzte Container mit eingebetteten intelligenten Objekten nutzen*

Um die Gesamtleistung des physikalischen Internets und die Performance beim Kunden zu verbessern, sollten die Fähigkeiten der intelligenten Container und der gekapselten intelligenten Objekte bestmöglich ausgewertet werden. [9]

5. *Vom Punkt-zu-Punkt „Hub and Spoke" Transport zu verteiltem, mehrstufigen transmodalen Transport übergehen*

Ermöglichen von verteilten mehrstufigen Reisen von π-Containern. Wie beim Versand eines Emails müssen nicht alle Pakete direkt vom Startpunkt zum Zielpunkt reisen, die Pakete müssen auch nicht unbedingt gemeinsam reisen. Durch die Übertragung über mehrere Knoten kann es zu einem mehrstufigen Transport kommen, anstatt zu einer Punkt-zu-Punkt Lieferung, die dann möglicherweise in einer Leerfahrt bei der Rückfahrt mündet. [9]

6. *Ein vereinheitlichtes mehrstufiges Rahmenkonzept anwenden*

Die Netzwerke des physischen Internets sollen immer auf den gleichen konzeptuellen Rahmen basieren, unabhängig von der Skalierung der Netzwerke. Mit anderen Worten, ein kleines Netzwerk soll konzeptuell gleich aufgebaut sein wie ein größeres Netzwerk.

Wobei kleinere Netzwerke in größere Netzwerke eingebettet werden können, da alle Netzwerke jeweils gemäß definierten Standards und Protokollen aufgebaut sind. Montreuil hat sieben Arten von Netzwerken definiert, wobei die kleineren Netzwerke immer wieder in die größeren Netzwerke integriert werden. Die folgende Abbildung zeigt die sieben definierten Netzwerke und deren Aufbau: [9]

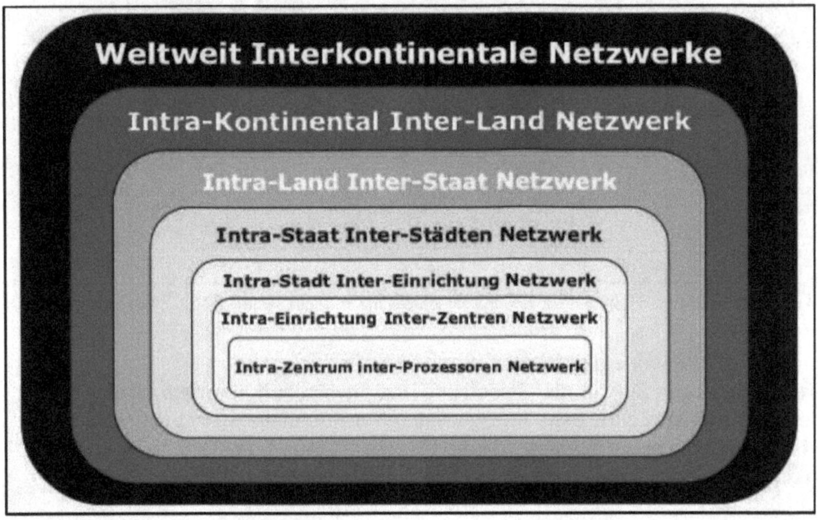

Abbildung 5: Die sieben Netzwerkarten des einheitlichen mehrstufigen Rahmenkonzeptes [9]

7. *Ein offenes und globales Supply Web aktivieren und nutzen*

Lagerhäuser, HUBs, Produktions-, Transit- und Verteilerzentren bilden ein offenes und globales Webnetzwerk. Dadurch soll ein dynamisches Lagern, Produzieren und Bewegen von π-Container ermöglicht werden. [9]

8. *Design von Produkten, die optimal in die Container passen*

Die Produkte passen sich hinsichtlich der Dimensionen an die Dimensionen der π-Container an. Durch diese Form der Produktgestaltung und Produktkonstruktion soll das physische Internet möglichst wenig belastet werden. [9]

9. *Um Transporte und Lagerhaltung zu minimieren, soll die Materialisierung der Produkte so lokal wie möglich sein und eine digitale Übertragung des Know-hows stattfinden*

Da es im Normalfall sehr viel einfacher, billiger und schneller geht, digitale Objekte zu bewegen und zu speichern, als physische Objekte, sollte die wissensbasierte Entmaterialisierung von Produkten umfassend verwendet werden. Das bedeutet, dass Produkte erst am Gebrauchsort durch das digitale Wissen materialisiert werden sollen, wenn das physische Objekt erforderlich ist. [9]

10. *Leistungszertifizierung und offene Leistungskontrolle einsetzen*

Für Container, Fahrzeuge, Häfen, Verteilungszentren, Städte, Gebiete, Straßen, Protokolle, Prozesse, Bearbeitungs- und Informationssysteme soll eine mehrstufige Zertifizierung eingeführt werden. Die tatsächlich erreichte Leistungsfähigkeit aller Beteiligten hinsichtlich Geschwindigkeit, Dienstlevel, Zuverlässigkeit, Schutz und Sicherheit soll über ein offenes Monitoring erfasst werden. [9]

11. Vernetzte Zuverlässigkeit und Netzstabilität priorisieren

Zuverlässigkeit, Robustheit und Netzstabilität zum Schutz vor unvorhersehbaren Ereignissen soll die Verflechtung der Netzwerke und der Vielzahl an Knoten bringen. [9]

12. Geschäftsmodellinnovation stimulieren

Für die Kommerzialisierung des physischen Internets müssen innovative Geschäfts- und Gewinnmodelle entwickelt werden. Ähnlich wie beim digitalen Internet wird auch das physische Internet eine Vielzahl von neuen Geschäften und Geschäftsmodellen schaffen. [9]

13. Eine offene Infrastruktur-Innovation ermöglichen

Die Homogenität im physischen Internet in Form von modularen π-Containern soll eine viel bessere Nutzung von Mitteln und Modi ermöglichen und somit die Kapazität von Infrastrukturen durch die Ausnutzung von Standardisierungen, Rationalisierungen und Automatisierungen durch derzeit unerreichbare Innovationen erhöhen. [9]

Die nachfolgende Abbildung zeigt an, welche wichtigen Merkmale des physischen Internets zu der Reduzierung der jeweiligen Symptome der Nichtnachhaltigkeit führen:

Nicht-Nachhaltigkeits-Symptome		Eigenschaften des Physikalischen Internet												
		1 Güter in Containermodule nach globalem Standard einpassen	2 Universelle Interkonnektivität anstreben	3 Lagerungs- und Behandlungssystemen von π-Containern	4 Intelligente vernetzte Container mit eingebetteten intelligenten Objekten nutzen	5 Mehrstufigen transmodalen Transport	6 Ein mehrstufiges vereinheitlichtes Rahmenkonzept anwenden	7 Offenes und globales Supply Web	8 Konzeption der Produkte für die Containerisierung	9 Konstruktion und die Materialisierung der Produkte so lokal wie möglich	10 Kompetenzzertifizierung und offenes Performance Monitoring	11 Vernetzte Zuverlässigkeit und Netzstabilität	12 Geschäftsmodellinnovation	13 Offene Infrastruktur Innovation
1	Luft und Verpackung wird transportiert	●							●					
2	Leerfahrten sind eher die Regel als die Ausnahme		●			●								
3	Fernlastfahrer: moderne Cowboys			●		●								
4	Produkte lagern meist nutzlos dort, wo nicht benötigt und sind nicht verfügbar dort, wo sie gebraucht werden	●			●			●						
5	Produktion und Lagerraum bleiben unausgelastet	●	●	●				●	●	●				
6	Viele Produkte werden nie verkauft, nie verwendet							●		●		●	●	
7	Produkte erreichen nicht diejenigen, die sie am meisten brauchen		●			●	●	●		●		●		
8	Produkte wandern unnötigerweise kreuz und quer auf dem Globus		●		●	●						●		●
9	Schneller, zuverlässiger, multimodaler Transport: Traum oder Witz?	●	●	●	●	●					●			●
10	Ein Alptraum: Produkttransport in und aus den Städten heraus	●	●		●	●	●	●		●		●		
11	Netzwerke sind weder sicher noch robust	●	●		●	●		●			●	●		
12	Intelligente Automation und Technologie sind schwer zu rechtfertigen	●	●	●	●		●				●		●	●
13	Innovation wird stranguliert	●	●	●	●		●						●	●

Abbildung 6: Symptome der Nichtnachhaltigkeit und Eigenschaften des physikalischen Internets [9]

Zusammenfassend kann man das „Physical Internet" als ein Konzept für ein einheitliches, effizientes, nachhaltiges und weltweites System für den Gütertransport beschreiben. Durch die weltweite Vernetzung sollen nicht wie bisher einzelne Frächter die Waren über große Distanzen ausliefern, sondern es soll zu kürzeren und anbieterunabhängigen Transporten kommen. Die Minimierung der Transportkilometer sollte dabei das entscheidende Kriterium sein, wenn es um die Auswahl der Route, eines Transportmittels oder eines Dienstleisters geht. Wie beim Internet der Dinge sollen auch in diesem Fall die Objekte, die in diesem Fall Container sind, eindeutig identifizierbar sein. Die Container sollen Elemente sein, die verschiedene standardisierte Größen aufweisen können. Außerdem sollen die Container Informationen über ihren Inhalt speichern und jederzeit identifizierbar und lokalisierbar sein. [10]
Nachdem die grundlegenden Konzepte der Arbeit erklärt wurden, wird nun auf die weiterführende Literatur eingegangen. Die weiterführende Literatur soll aufzeigen, welche ähnlichen Arbeiten auf dem Gebiet bereits existieren.

2.2. Weiterführende Literatur

In diesem Unterkapitel wird auf einige ähnliche Arbeiten im Bereich der Digitalisierung in der Logistikbranche eingegangen. Die ähnlichen Arbeiten werden kurz vorgestellt, um einen Überblick über die bereits vorhandenen Arbeiten zu geben. Anschließend werden die existierenden Arbeiten mit dieser Arbeit verglichen und Unterschiede erörtert.

2.2.1. Prototyp eines mobilen Warenausgangs- und Liefersystems

Vandenhouten und Selz [11] haben in ihrer Arbeit „Prototyp eines mobilen Warenausgangs- und Liefersystems“ einen Prototyp für ein mobiles Warenausgangs- und Liefersystem entwickelt für ein Unternehmen im Elektrogroßhandel. Auf diese Weise wurde das bestehende Warenwirtschaftssystem erweitert und gleichzeitig eine Sendungsverfolgung der Transporthilfsmittel ermöglicht [11]. Wie in dieser Arbeit wurde auch in der Arbeit von Vandenhouten und Selz [11] der Prototyp größtenteils mit der Java-Technologie umgesetzt. Weitere Gemeinsamkeiten weisen die Software-Architekturen der beiden Systeme auf. Beide Systeme basieren auf einer Structured Query Language (SQL)-Datenbank, in der die erfassten Daten gespeichert werden. Die Clients beider Systeme können über einen Web-Server aufrufen und verwenden werden. Zusätzlich sollen beide Systeme über verschiedene Clientgeräte zugänglich sein. Auch beim Datenmodell gibt es einige identische Ansätze, zum Beispiel gibt es bei beiden Modellen jeweils eine Klasse für den Auftrag und die Tour. Der Lieferschein wird im Modell der beiden Autoren in einer separaten Klasse abgebildet, in meinem Modell ist der Lieferschein nur ein Feld am Auftrag. [11]
Anhand vom restlichen Datenmodell wird jedoch schnell klar, dass der Fokus der beiden Modelle jeweils auf einem anderen Bereich liegt. Während das Datenmodell von Vandenhouten und Selz [11] eher den Warenausgang und das Tracking der Transporthilfsmittel im Auge hat, liegt der Fokus von meinem Modell auf der Zusammenarbeit der verschiedenen Rollen und der Abwicklung der typischen Tätigkeiten, die den einzelnen Rollen zufällt, um einen Transportauftrag zu erledigen. Eine begründete Werkzeug- und Technologieentscheidungen sowie weitere Möglichkeiten zur Digitalisierung sind weitere Punkte, die diese Masterarbeit von der Arbeit von Vandenhouten und Selz [11] differieren. [11]

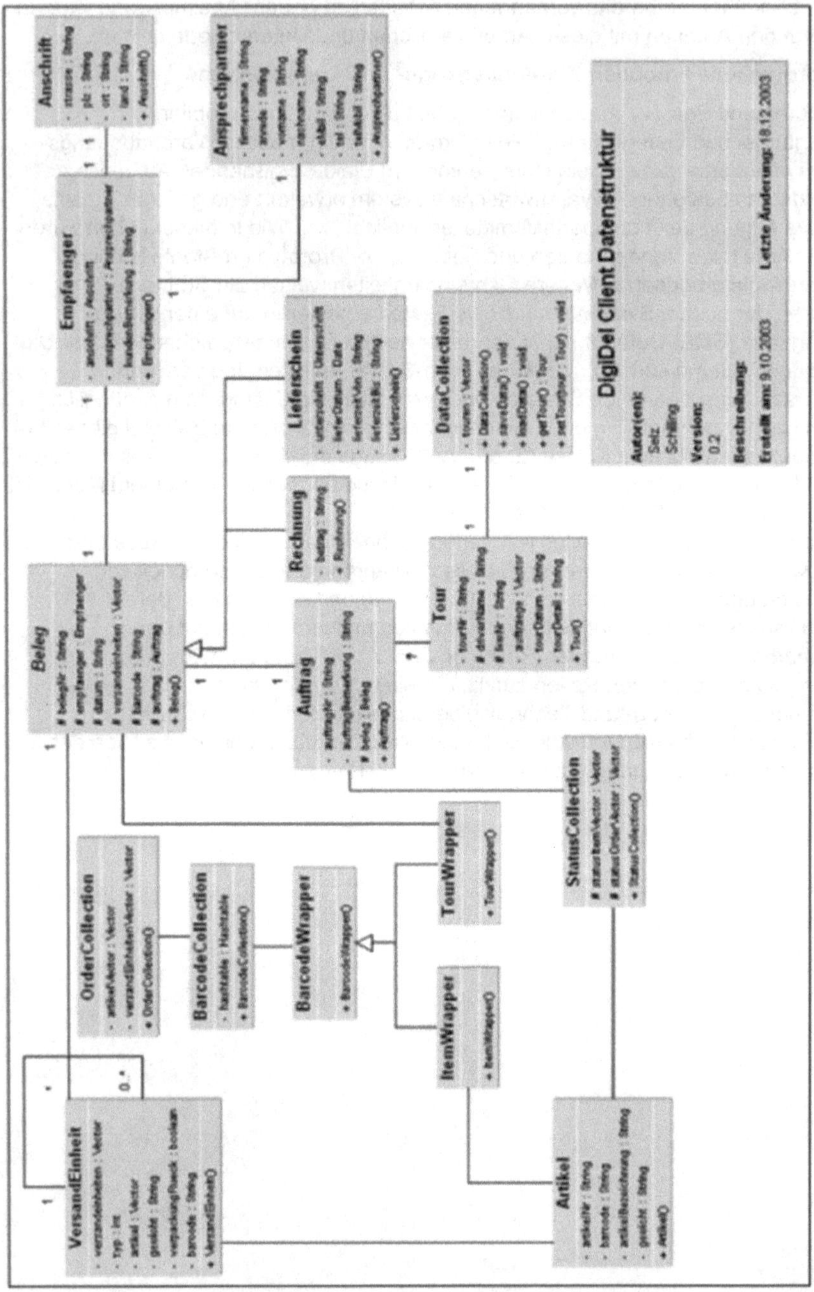

Abbildung 7: DigiDel Client Datenstruktur [11]

2.2.2. Entwicklungsperspektiven von Arbeitsprozessen in Produktion und Logistik vor dem Hintergrund fortschreitender Digitalisierung

Eine weitere Arbeit, die zum Teil eine Ähnlichkeit mit dieser Arbeit aufweist, ist die Masterarbeit von Frierk [12] mit dem Titel „Entwicklungsperspektiven von Arbeitsprozessen in Produktion und Logistik vor dem Hintergrund fortschreitender Digitalisierung". Vor allem die Kapitel drei „Digitale und technologische Entwicklungen" und vier „Entwicklungsperspektiven digitalisierter Arbeitsprozesse" von Frierks Werk [12] befassen sich zum Teil mit ähnlichen Technologien wie meine Arbeit im siebten Kapitel „Weitere Möglichkeiten zur Digitalisierung". Weitere Gemeinsamkeiten mit anderen Kapiteln sind nicht erkennbar. Kapitel drei von Frierks Masterarbeit [12] beschäftigt sich mit den theoretischen Erklärungen und der Entwicklung der Technologien. Kapitel vier beschäftigt hingegen mit den Perspektiven eines praktischen Einsatzes der Technologien. Beide Masterarbeiten beschäftigen sich zum Beispiel mit der Technologie Augmented-Reality und hier insbesondere mit Datenbrillen. Weitere Technologien, die in beiden Werken behandelt werden, sind die Radiofrequenz-Identifikation (RFID)- und die Barcode-Technologie, die sowohl zur Ladungsidentifikation als auch zur Ladungsmittelverfolgung verwendet werden kann. In beiden Arbeiten wird zusätzlich noch beleuchtet, wie diese Technologien aktuell bereits in Prozessen verwendet werden beziehungsweise wie diese Technologien in Zukunft in Prozessen genutzt werden könnten. [12]

Abgesehen von den eben erwähnten Parallelen unterscheiden sich die beiden Arbeiten aber dennoch essentiell. Während das Werk von Frierk [12] einen klaren Fokus auf die theoretischen Arbeitsprozesse legt und die Auswirkung der Digitalisierung auf die Prozesse, wird in meiner Arbeit die praktische Analyse eines Prozesses des Transportauftragswesens fokussiert und die Zusammenarbeit der verschiedenen Rollen fokussiert. Das gipfelt letztendlich in der praktischen Umsetzung der Digitalisierung eines Prozesses für ein reales Unternehmen, mit Hilfe der Entwicklung eines Prototyps. [12]

2.2.3. Methodology of Building Integrated Platform for Logistics Planning

Das Konferenzpapier von Hu et al. [13] befasst sich mit der Lademittelerkennung mittels 2D Barcode und einem hierarchischem Modell zur Logistikplanung. Das Modell berücksichtigt unter anderem Faktoren wie Zeit, Kosten, verfügbare Transportmittel wie Zug, Lastkraftwagen, Flugzeug und Schiff, Struktur des Straßennetzwerkes, Eigenschaften der Container und Betriebsregeln. Betriebsinformationen erhält das Modell unter anderem durch die digitale Frachtenidentität in Form des 2D Barcodes. Die Autoren haben einen Prototyp mit Hilfe der C++ Technologie gebaut, um das Modell zu testen. Die Arbeiten weisen dahingehend Gemeinsamkeiten auf, dass sich beide Arbeiten mit der Lademittelerkennung mittels Barcode und dem Bau eines Prototyps beschäftigen, um den fokussierten Arbeitsprozess im Logistikbereich zu optimieren mittels Digitalisierung. [13]

Jedoch ist die Thematik der Lademittelerkennung im Logistikbereich kein Kernthema in meinem Werk wie in der Arbeit von Hu et al. [13]. Eine weitere Divergenz ist, wie bereits erwähnt, die Fokussierung auf jeweils einen anderen Arbeitsprozess. Im Werk von Hu et al. [13] liegt der Fokus auf der Lademittelerkennung und auf der Transportplanung der Güter. Meine Arbeit forciert hingegen den Prozess des Transportauftragswesens und die dazugehörenden Rollen wie den Kunden, den Frächter und den Spediteur. Weitere Diskrepanzen sind, dass in meiner Arbeit zusätzlich noch die Werkzeug- und

Technologieentscheidungen begründet werden und weitere Möglichkeiten zur Digitalisierung aufgeführt werden. [13]
Das nächste Kapitel gibt einen Überblick über die gängigste bereits bestehende Logistiksoftware. Hier werden die Produkte um deren Anbieter kurz vorgestellt.

2.3. Existierende Systeme

Derzeit gibt es viele verschiedene Anbieter für Logistiksoftware. Viele dieser Anbieter haben deren Produkte auf einzelne Logistikprozesse spezialisiert und bieten dafür mehrere Produkte an. Nachfolgend werden einige dieser Produkte, die sich auf die Themen Disposition und Transportabwicklung beziehen, näher erläutert.

2.3.1. SAP

Der SAP Konzern bietet mehrere Module im Logistikbereich an. Aufgrund der weiten Verbreitung und des Vorteils einer unproblematischen Integration in eine bereits bestehende SAP Landschaft innerhalb eines Unternehmens entscheiden sich viele Unternehmen auch im Bereich der Logistik auf die Software SAP zu setzen. Die wichtigsten Module zum Abwickeln von Lagerverwaltungs- und Transportprozessen sind das SAP Extended Warehouse (EWM), SAP Material Flow System (MFS) und SAP Logistics Execution System. Das Modul SAP EWM beschäftigt sich mit den Prozessen innerhalb eines Logistikzentrums. Bei SAP MFS handelt es sich um einen im SAP EWM integrierbare Komponente für den Materialfluss. Zu den weltweit am meisten genutzten SAP Modulen zählt SAP LES und gilt daher auch als eine empfehlenswerte und eher unkompliziertere Lösung für Lagerverwaltungsprozesse. Da in vielen Fällen die im SAP Standard abgebildeten Prozesse für Logistikzentren oder Speditionsbetriebe nicht ausreichen, gibt es viele Unternehmen, die anbieten, SAP Standard Prozesse zu erweitern und auf eigene Abläufe anzupassen. Zu diesen Unternehmen gehört auch die SWAN GmbH mit vier Standorten in Deutschland. [14]

2.3.2. Soloplan GmbH

Das weltweit tätige Unternehmen Soloplan GmbH ist ein Anbieter für Logistiksoftware. Soloplan hat mehrere Produkte und bietet diese auch mit zertifizierten Schnittstellen zum SAP ERP an. Die Firma bietet viele Produkte an unter anderem die Produkte „CarLo“ und „CarLo exCHANGE“, die in weiterer Folge kurz beschrieben werden.
CarLo - Software für Speditionen und Logistikunternehmen: Tool zum Bearbeiten und Planen von Transporten, welches die Funktionen einer Angebotskalkulation, Auftragsverwaltung, Transportplanung, Frachtabrechnung und dazugehörigen Auswertungen bietet.
CarLo exCHANGE - mittels dieses Produkts wird eine Logistikplattform zum Kommunizieren mit Partner und Kunden mit vielen eingebetteten Funktionen, wie zum Beispiel eine Anbindung der Telematik oder ein Zeitfenstermanagement, angeboten.
Dies waren nur 2 der vielen Produkte der Firma Soloplan GmbH. Andere Produkte die das Unternehmen noch anbietet befassen sich mit zum Beispiel mit den Themen Telematik, Routenplanung und Mautberechnung, Dokumentenmanagement und elektronische Archivierung oder auch mit einer Online Auftragserfassung inklusive Sendungsverfolgung. [15]

2.3.3. Wolters Kluwer Transport Services GmbH

Ein weiteres Unternehmen, welches ein Transportmanagementsystem anbietet, ist die Wolters Kluwer Transport Services GmbH mit ihrem Sitz in Belgien. Transwide, das Produkt des Unternehmens, bietet eine modulare Logistiklösung für das Vereinfachen des gemeinschaftlichen Arbeitens zwischen Spediteuren, Frächter und Logistikdienstleistern mit Transportunternehmen. Der Vorteil von Transwide ist, dass der Kunde durch den modularen Aufbau je nach Bedarf nur Teile des Programmes nutzen und erwerben kann. [16]

2.3.4. Gehr GmbH

Ein weiterer Speditionssoftwareanbieter ist das Unternehmen Gehr GmbH. Mit deren Produkt GehrDispoSP wurde versucht eine optimale Lösung für den kompletten Dispositionsprozess zu erstellen. Das Programm kann durch Module, zum Beispiel für den Bereich der Telematik, erweitert werden und soll durch die einfache Bedienung von Anwendern schnell erlernt werden können. Angeboten wird dieses Programm mittels eines Lizenzmodells. Auftragsdaten können im Programm GehrDispoSP in einer Maske erfasst werden. Diese Vorgehensweise ermöglicht eine schnelle Erfassung der Daten. Weitere Funktionen, die zur Verfügung stehen, sind das Versenden von Emails aus der Adressmaske heraus, das farbliche Kennzeichnen vom Dispositionsplan oder der Tourenplanung, grafisches Auswertetool, diverse Schnittstellen und noch vieles mehr. Zusätzlich dazu ist diese Lösung netzwerk- und mandantenfähig. [17]

2.3.5. Fortigo GmbH

Die in Oberösterreich angesiedelte Firma Fortigo GmbH bietet Produkte für die Bereiche Disposition und Lagerverwaltung an. Das Unternehmen hat sich auf die Programmierung, den Verkauf, die Wartung und das Entwickeln individueller Speditionsprogrammen spezialisiert. Unter den Namen WinDispo vertreibt die Fortigo GmbH eine Komplettlösung mit Funktionen von der Auftragsverwaltung über zur Disposition bis hin zur Fakturierung von den Aufträgen. Auch diese Komplettlösung ermöglicht es den anwendenden Unternehmen, nur einzelne Module daraus zu verwenden und somit die Lösung auf die eigenen Bedürfnisse anzupassen. Ein Vorteil dieser Lösung ist auch der mögliche Einsatz in anderes sprachigen Unternehmensstandorten. Technisch setzt das Programm auf einen Microsoft Structured Query Language (SQL)-Server auf und wird mittels einer Microsoft.Net-Technologie entwickelt. [18]

2.3.6. Trans-IT Ratzesberger

Die Programme Multi-Truck und Multi-Dispo-Trans sind nur zwei Produkte aus der Produktpalette des Unternehmens Trans-IT Ratzesberger. Mit Multi-Truck wurde eine umfangreiche Lösung für das Fuhrparkmanagement programmiert. Im Gegensatz dazu beschäftigt sich das Produkt Multi-Dispo-Trans mit der Auftragsbearbeitung und Fakturierung. Auch dieses Produkt besitzt einen modularen Aufbau. Zu diesen Modulen zählen unter anderem eine Angebotsverwaltung, eine Lademittelverwaltung, Fakturierung, eine LKW-Routenberechnung, eine Containerverwaltung sowie diverse Statistiken und Auswertungen. Seit August gibt es die Version V8 des Produktes, die Spezialitäten des Produktes sind eine Optimierung für Windows 8 und Structured Query Language (SQL) Datenbanken. [19]

2.3.7. FUHRPARK Software GmbH

Das Unternehmen FUHRPARK Software GmbH hat sich, sowie der Name schon aussagt, auf Software für Fuhrparks spezialisiert. Angeboten werden hauptsächlich Softwarelösungen für Speditionsbetriebe und Entsorgungsdienste. Dabei gibt es spezielle Module für die Lademittelverwaltung, die Disposition oder die Fuhrparkverwaltung. Zu beachten ist, dass zu den technischen Voraussetzungen des Dispositionsprogrammes ein stabiles Netzwerk zählt und diese Anwendungen daher nicht für WLAN geeignet sind. Bei mehreren Modulen Produkten wird zusätzlich noch ein 24 Zoll Bildschirm beziehungsweise im optimalen Fall zwei Bildschirme empfohlen. [20]

2.3.8. Computer Steiner GmbH

Das Programm CS-TRANSPORT des Unternehmens Computer Steiner GmbH biete eine modular aufgebaute Lösung zu Abdecken der täglichen Aufgaben und Prozesse im Bereich des Transportes und der Logistik. Neben diesen Bereich hat sich das Unternehmen noch auf das Gebiet Busunternehmen und Touristik spezialisiert. Zu den Modulen des Produktes CS-TRANSPORT zählen unter anderem Stammdaten, Leistungserfassung, Auftragsverwaltung, Lademittelverwaltung, Fakturierung, Belegverwaltung, diverse Schnittstellen und Auswertungen. [21]

2.3.9. Logis IT GmbH

Die Firma Logis IT GmbH besteht aus Softwareprogrammierern, Speditionskaufleuten und Ingenieuren die gemeinsam an Software in den Bereichen Logistik, Buchhaltung und Controlling für Klein- und Mittelunternehmen arbeiten. Mit LOGIS cargonet haben sie eine Komplettlösung für den Logistikbereich, von der Auftragsverwaltung bis hin zum Controlling, realisiert. Das Unternehmen wirbt auch mit der Möglichkeit, das Programm zeitnah auf Kundenanforderungen anzupassen. Zu den Standardfunktionen des Programms zählen eine Kunden- und Adressverwaltung, ein Angebotsmodul inklusive Angebotsformulare, ein Dispositionsplan und auch ein Fakturierungsmodul inkl. Mahnwesen. Neben den Logistikprogrammen bietet das Unternehmen noch andere Produkte, wie zum Beispiel ein Telefonunterstützungsprogramm oder Finanzbuchhaltungsmodule. [22]

Die Produkte der Unternehmen werden in weiter Folge im Kapitel 3.4.2 mit den Anforderungen vom Spediteur abgeglichen und Unterschiede zwischen den Produkten erläutert. Nachdem die notwendigen Grundlagen erläutert wurden, wird nun das praktische Beispiel vorgestellt. Das praktische Beispiel beinhaltet die Beschreibung des zu betrachtenden Prozess des Transportauftragswesens sowie die Beschreibung des dazugehörigen Unternehmens.

3. Praktisches Beispiel

Zu Beginn dieses Kapitels wird die Firma Schachinger Logistik Holding GmbH vorgestellt. Anschließend wird der typische Arbeitsablauf, um einen Transportauftrag zu erledigen, näher beleuchtet.

3.1. Schachinger Logistik Holding GmbH

Dieses Kapitel zeigt, welche geschichtlichen Entwicklungen das Familienunternehmen nahm vom Transporteur hin zum Branchenlogistiker. Außerdem werden die Eckdaten und die Fakten präsentiert, die das Unternehmen heute vorweisen kann.

3.1.1. Geschichtliche Entwicklung

Im Jahr 1939 wurde das Unternehmen als reiner Baustofftransporteur von Max Schachinger gegründet. Bereits in den 1950er Jahren mauserte sich das österreichische Unternehmen, das zu dem Zeitpunkt eine Flotte von rund fünfzehn Fernverkehrseinheiten besaß, zu einem der größten internationalen Transportunternehmen der Nachkriegszeit im eigenen Land. Im Zuge einer Neugründung der Spedition Max Schachinger wurde nach dem Jahr 1955 der Aufbau eines europäischen Partnernetzes und des dazugehörenden Europaverkehrs forciert. In den nachfolgenden Jahren kam es zu zahlreichen weiteren Neugründungen wie etwa vom Paketdienst DPD und der Industrie Logistik Linz. In diesen Jahren konnte der Mittelstandsbetrieb ein stetiges Wachstum vorweisen und Neubauten, wie etwa den Stammsitz im Logistikpark Hörsching und ein modernes Pharma-Logistikcenter in Wien, realisieren. Nach dem Jahr 2000 wurde die Stückgutspedition an den bisherigen deutschen Partner Dachser verkauft. [23]
Seit diesem Zeitpunkt fokussiert sich die Schachinger Logistik, die nach wie vor zu hundert Prozent im Familienbesitz ist, auf ausgewählte Branchen wie Baustoffe, Lebensmittel, Pharma, High-Tech und Automotive. Neben der Branchenlogistik beschäftigt sich das Linzer Unternehmen auch mit kundenspezifischen Logistiklösungen und Transportsystemen, die unterschiedliche Ausprägungen annehmen können wie etwa Paketdienst, Spezialzustelldienst und Cargo. [23]

3.1.2. Daten und Fakten

Heute kann das im Jahr 1939 von Max Schachinger gegründete Unternehmen 595 Mitarbeiter und einen Jahresumsatz von 188,9 Millionen Euro vorweisen [24]. Mit diesen Zahlen gehört der Mittelstandsbetrieb zu den Top-Adressen der Logistikdienstleister in Österreich. Mit internationalen Logistikgroßkonzernen kann man das Linzer Unternehmen zwar nicht vergleichen, aber in den betreuten Geschäftsfeldern gehört das Unternehmen zu den jeweiligen Marktführern. Beinahe alle betreuten Geschäftsfelder können einer bestimmten Branche zugeordnet werden. Somit kann der Branchenlogistiker individuell auf die Anforderungen der einzelnen Branchen eingehen und für den Kunden ideal abgestimmte Lösungen anbieten. Durch den ausgeprägten Branchenfokus und die umfassende Kontraktlogistik kann das Unternehmen Synergien zwischen mehreren Kunden einer Branche nutzen. [23]
Die Logistikfirma ist in Zentraleuropa tätig und besitzt fünfzehn Standorte in Österreich, in Tschechien, der Slowakei und in Ungarn. Außerdem kann das Unternehmen Logistikzentren in Hörsching, Wien und Stockerau ihr Eigen nennen. [24]
Mit ihren 100 eigenen Lastkraftwagen und 800 Einheiten von Partnerunternehmen führt das Unternehmen über 100 000 Cargo & Touren Fahrten durch. Das entspricht etwa 273 Fahrten pro Tag. Dabei werden über 1,2 Millionen HealthCare Packstücke pro Jahr im Bereich der Micrologistik ausgeliefert und eine Million Paletten pro Jahr im Bereich der Tourenlogistik. Zusätzlich stellt der Schachinger Paketdienst noch über 13,2 Millionen Pakete pro Jahr zu. Zu den bekanntesten Kunden zählen unter anderem die

Firmen Ferrero S.p.A., Josef Manner & Comp AG, METRO Cash & Carry Österreich GmbH und Mars Incorporated. [24]

3.2. Transportauftragswesen

Dieses Kapitel soll zeigen, welche Schritte aktuell abgearbeitet werden in der Firma Schachinger Logistik Holding GmbH, um einen typischen Transportauftrag zu erledigen. Dabei ist zu beachten, dass nur ein einfacher herkömmlicher Transportauftrag betrachtet wird und Sonderfälle jeglicher Art im abgebildeten Prozess nicht berücksichtigt werden. Im Prozess des Transportauftragswesens sind drei Rollen involviert, und zwar der Kunde, der Spediteur und der Frächter. Neben den notwendigen Prozessschritten werden auch die aktuell verwendeten Kommunikationsmittel beleuchtet. Die Kommunikationsmittel sollen zeigen wie die drei involvierten Rollen aktuell miteinander kommunizieren und Informationen austauschen. Folgende Prozessschritte und Kommunikationsmittel konnten identifiziert werden:

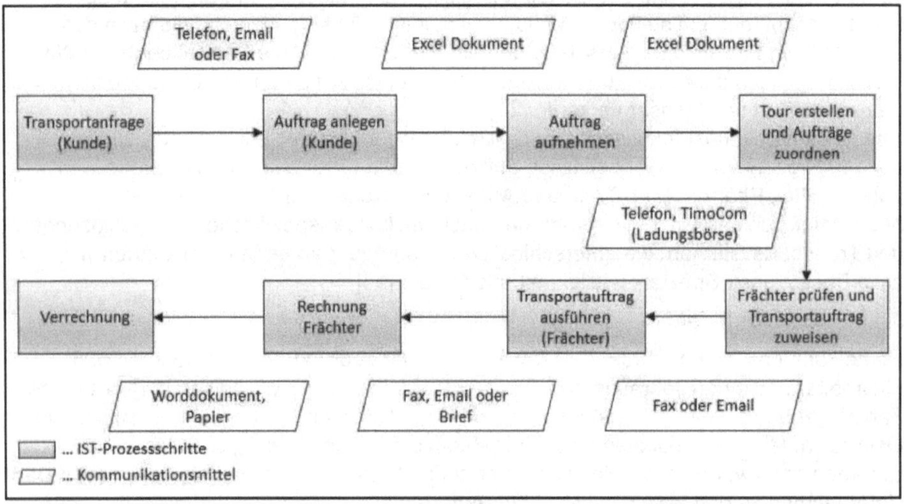

Abbildung 8: Typische Arbeitsablauf der Firma Schachinger Logistik Holding GmbH um einen Transportauftrag zu erledigen

Transportanfrage (Kunde)
Der typische Arbeitsablauf beginnt mit der Transportanfrage vom Kunden. Dabei wird in Zusammenarbeit mit einem Mitarbeiter der Firma Schachinger Logistik Holding GmbH unter anderem die Machbarkeit des Transportes, die Kosten, der Zeitraum des Transportes, die Kubikmeter der Ware, die benötigten Lademeter für die Ware, die benötigten Palettenstellplätze für die Ware, die Ladestelle, die Entladestelle, eventuelle Zwischenziele, die Transportart, das benötigte Transportmittel, die benötigten Lademittel und andere offene Fragen und Details geklärt.

Auftrag anlegen (Kunde)
Sobald die Fragen rund um den Auftrag geklärt wurden und der Kunde den Auftrag erteilen möchte, wird der Kunde den Auftrag angelegen. Die Kommunikation zwischen

diesen Schritten erfolgt normalerweise über Telefon, Email oder Fax. Nach der erfolgreichen Anlage vom Auftrag wird der Auftrag an einen Mitarbeiter der Firma Schachinger Logistik Holding GmbH weitergeleitet.

Auftrag aufnehmen
Ein Mitarbeiter der Firma Schachinger Logistik Holding GmbH prüft den Auftrag nochmals und nimmt den Auftrag anschließend auf. Dokumentiert wird der Auftrag in einem speziell dafür vorgesehenen Excel Dokument.

Tour erstellen und Aufträge zuordnen
Anschließend haben die Mitarbeiter der Firma Schachinger Logistik Holding GmbH die Aufgabe Touren zu erstellen und den Touren Aufträge zuzuordnen. Dabei müssen die Mitarbeiter eine Vielzahl von Aufträgen im Auge behalten und versuchen, möglichst schnell und möglichst effizient Touren zusammenzustellen, um Geld und Zeit zu sparen. Bei der Tourenzusammenstellung müssen unter anderem die Auslastung der Transportfahrzeuge, mögliche Zwischenziele, die unterschiedlichen Waren und somit auch die möglicherweise unterschiedlichen notwendigen Transportfahrzeuge berücksichtigt werden. Denn bestimmte Lebensmittel müssen zum Beispiel stetig gekühlt werden und erfordern demzufolge ein Transportmittel mit Kühlung, um die Kühlkette nicht zu unterbrechen. Sehr große oder gefährliche Waren brauchen unter Umständen ein spezielles Transportmittel, das einen Sondertransport oder einen Gefahrenguttransport erlaubt. Außerdem müssen die Mitarbeiter der Firma Schachinger Logistik Holding GmbH auf den Lademittelaustausch, wie der Austausch von Paletten und Gitterboxen mit dem Kunden und dem Frächter, achten und sicherstellen, dass die benötigten Lademittel auch vorhanden sind, um einen Transport zu ermöglichen. Der Gebrauch der Lademittel muss außerdem noch dokumentiert werden. Auch für die Realisierung, der eben genannten Aufgaben, wird eine spezielle Excel-Vorlage verwendet, die alle notwendigen Informationen anzeigt.

Frächter prüfen und Transportauftrag zuweisen
Mittels Telefonaten und der Frachtenbörse „TimoCom" wird sodann ein passender Frächter für eine Tour gesucht. „TimoCom" ist eine online Fracht- und Laderaumbörse, die von dem Unternehmen TimoCom Soft- und Hardware GmbH entwickelt wurde [25]. Mittlerweile ist man mit dem Produkt Marktführer auf diesem Gebiet der Transportplattformen in Europa [25]. Die europaweite Vergabeplattform für Transportaufträge hat das Ziel, Angebot und Nachfrage an Transportleistungen zu vermitteln [25]. Bei Sondertransporten und Gefahrenguttransporten müssen die Mitarbeiter des Branchenlogistikers darauf achten, dass sie einen Frächter auswählen, der zum einen das notwendige Equipment für so eine Art von Transport besitzt und zum anderen die notwendige Bescheinigung besitzt, um so einen Transport durchzuführen. Weitere Entscheidungskriterien, die bei der Auswahl eines Transportdienstleisters berücksichtigt werden, sind unter anderem der Preis, Zertifizierungen, wie etwa ISO- oder Ökoprofit-Zertifizierungen, die Qualität und bereits gesammelte Erfahrungen mit dem Frächter, falls vorhanden. Unter Qualität der Frächter ist die Termintreue gemeint und wie häufig Transportschäden auftreten. Sobald der Mitarbeiter einen passenden Frächter gefunden hat und diesen geprüft hat, wird Kontakt mit dem Frächter aufgenommen, um die Details des Transportes zu besprechen. Meist wird zur Kontaktaufnahme das Telefon verwendet. Wenn der Spediteur und der

Transportdienstleister sich einig sind, wird dem Transportdienstleister der Transportauftrag zugewiesen. Wenn keine Einigung zustande kommt, wird der Frächter ermittelt, der am nächstbesten für den Transport geeignet scheint und wieder Kontakt mit dem Transportdienstleister aufgenommen. Dieser Vorgang wird wiederholt, bis ein passender Frächter gefunden wurde. Der Transportauftrag wird normalerweise mittels Email oder Fax an den Frächter übermittelt.

Transportauftrag ausführen, Rechnung Frächter und Verrechnung
Wenn der Frächter den Transportauftrag ausgeführt hat, wird die Rechnung, der Frachtbrief und der Lieferschein per Fax, Email oder Brief an einen Mitarbeiter der Firma Schachinger Logistik Holding GmbH gesendet. Ein Mitarbeiter der Firma Schachinger Logistik Holding GmbH verrechnet anschließend den Transportauftrag und legt die erhaltenen Daten zum Transportauftrag in Papierform oder in Form eines Worddokumentes ab.

Das nachfolgende Kapitel soll zeigen, welche Nachteile der aktuelle Prozess des Transportauftragswesens hat und welches Potential eine Digitalisierung einzelner Prozessschritte birgt.

3.3. Nutzenpotenziale

Zuerst wird der bestehende Prozess des Transportauftragswesens analysiert und Punkte gesucht, die man im Prozessablauf verbessern könnte. Anschließend wird beschrieben, wie man den Prozess zur Abwicklung eines Transportauftrages optimieren könnte mit Hilfe von Digitalisierung.

3.3.1. Analyse des bestehenden Prozesses

Die einzelnen Prozessschritte des Arbeitsablaufes sind logisch, effizient und somit nur schwer zu optimieren. Allerdings ist die Umsetzung der Prozessschritte durch die Verwendung von verschiedenen Kommunikationsformen und Programmen weder optimal noch effizient. Wie bereits im Bild, das den Ist-Ablauf vom Unternehmen darstellt, ersichtlich ist, werden aktuell viele verschiedene Kommunikationsformen und Programme im Prozess verwendet. Wenn Daten zu einem Auftrag angelegt, abgefragt oder geändert werden müssen, dann müssen die Mitarbeiter des Spediteurs mehrere Programme verwenden, um die Aufgabe zu erledigen. Die Ausübung ihrer Tätigkeit wird somit für die Mitarbeiter der Firma Schachinger Logistik Holding GmbH unnötig kompliziert, fehleranfällig und zeitraubend gestaltet. Die verschiedenen Kommunikationsformen und Programme machen den Prozess undurchsichtig, ineffizient und, durch die vielen Daten und Informationen in Papierform, nicht nachhaltig. Zusätzlich besteht die Gefahr der redundanten Datenhaltung sowie die Gefahr und inkonsistenten Datenbeständen in den verschiedenen Programmen.

3.3.2. Optimierungspotential durch Digitalisierung

An diesem Punkt wird angesetzt, um den bestehenden Prozess des Transportauftragswesens zu optimieren. Der Ansatz ist also, so viele Prozessschritte wie möglich mit nur einem Programm abzuarbeiten und das Programm auch gleichzeitig als Kommunikationsplattform zu nutzen. Für diese Aufgabe bietet sich eine Webplattform an, weil sie für alle relevanten Rollen einfach zugänglich ist und weil sie zusätzlich die Kooperation zwischen den Beteiligten fördert. Auf diese Weise können die

Beteiligten zum Beispiel einfach Informationen und Daten untereinander austauschen und die Daten verwalten. Wenn zum Beispiel der Kunde einen Auftrag in der Webplattform erstellt, kann der Spediteur und der Frächter den Auftrag einfach weiterverarbeiten und müssen den Auftrag ihrerseits nicht wieder neu anlegen, wie es bei einem eigenen und geschlossenen System von Nöten wäre. Darüber hinaus sind Offenheit und Erweiterbarkeit weitere Benefits einer Webplattform. Diese Eigenschaften erlauben zudem einen Schritt Richtung „Physical Internet“. Die Idee und das Konzept, dass hinter dem Begriff „Physical Internet“ steht, wurde bereits im Kapitel 2.1.1 erläutert. Durch diese Form der Digitalisierung einzelner Prozessschritte sollen die täglichen Tätigkeiten der Mitarbeiter einfacher und effizienter gestaltet werden. Ziel ist es, dass die Mitarbeiter ihre Tätigkeit weitgehend mit nur einer Webplattform ausführen können und nicht mehr mehrere unterschiedliche Programme für die Ausführung ihrer Tätigkeit von Nöten sind. Die Plattform soll die Mitarbeiter bei der Ausführung ihrer Tätigkeit unterstützen und soll gleichzeitig als Kommunikations- und Stammdatenplattform in Erscheinung treten. Ein weiterer Aspekt, der für die Digitalisierung spricht, ist die Nachhaltigkeit. Durch die Digitalisierung einzelner Prozessschritte soll der Papierverbrauch reduziert werden. Aufträge, Lieferscheine und Frachtbriefe sollen in Zukunft digital übertragen und verwaltet werden. Auf diese Weise kann die Firma Schachinger Logistik Holding GmbH ihre Vorreiterrolle in Österreich im Bereich der Nachhaltigkeit weiter ausbauen [23].

Das nächste Kapitel beschreibt, warum für die Digitalisierung der einzelnen Prozessschritte keine bereits existierende Logistiksoftware, wie sie bereits im Kapitel 2.3 vorgestellt wurden, verwendet wird, sondern eine Eigenimplementierung in Form eines Prototyps einer Webplattform präferiert wird.

3.4. Bewertung von bestehenden Logistikprogrammen

Um die im Kapitel 2.3 vorgestellten Logistikprogramme bewerten zu können, wurden in Kooperation mit der Firma Schachinger Logistik Holding GmbH Bewertungskriterien in Form von Anforderungen ausgearbeitet. Die Anforderungen muss ein bestehendes Logistikprogramm erfüllen können, um für einen Einsatz in Frage zu kommen.

3.4.1. Anforderungen

Eine der wichtigsten Anforderungen an eine zukünftige Softwarelösung ist die Offenheit des Systems. Der Branchenlogistiker möchte die Kooperation mit den Kunden und den Frächtern weiter fördern, und dafür ist ein System notwendig, das leicht erreichbar und offen ist. Auch die Kunden und Frächter müssen Zugang zu diesem System haben, um eine Kooperation zu ermöglichen.
Eine weitere wichtige Anforderung betrifft die Usability und das Design. Die Software soll einfach und intuitiv zu bedienen sein. Die Bedienung der Softwarelösung muss so einfach und schlüssig sein, dass ein User ohne eine Einschulung mit dem System arbeiten kann. Die Eingabemasken des Programms sollen schlüssig und nicht überladen sein. Das Design soll ansprechend und modern sein.
Eine weitere Anforderung betrifft die Funktionalität des Programmes. Zum einen soll das Programm möglichst einfach aufgebaut sein und zum anderen sollen aber alle nötigen Funktionen, die notwendig sind, um einen Transportauftrag abzuarbeiten, zur Verfügung stehen. Die Softwarelösung soll das Anlegen und Verwalten von Transportaufträgen

ermöglichen. Zusätzlich muss die Möglichkeit geboten werden, Touren zu erstellen und sie einen Frächter zuzuweisen. Auch das Verwalten von Stammdaten, wie von Lademittel, Kunden und Frächtern darf nicht fehlen. Das Ladmittelmanagement ist eine weitere Funktion, die zur Verfügung stehen muss. Lieferscheine und Frachtenbriefe sollen zudem digital speicherbar sein. Zu den Aufträgen muss man unter anderem auch den benötigten LKW-Typ erfassen können und angeben können, ob es sich beim Transport um einen Gefahrenguttransport handelt. Wenn ein Auftrag ein Gefahrenguttransport ist, sollen dem Spediteur nur Transportdienstleister vorgeschlagen werden, die einen Gefahrenguttransport durchführen dürfen.
Die Erweiterbarkeit des Programms ist eine weitere Anforderung. Sollten sich in Zukunft die Bedürfnisse ändern und Anpassungen oder Erweiterungen des Programms von Nöten sein, soll dies möglich sein.

3.4.2. Analyse

Es wurde geprüft und analysiert, ob die im Kapitel 2.3 vorgestellten existierenden Systeme, den Anforderungen entsprechen hinsichtlich Offenheit, Usability, Design, Funktionalität und Erweiterbarkeit.

SAP (Produkte EWM und MFS)
Beim SAP Konzern wurden die Produkte SAP EWM und SAP MFS unter die Lupe genommen. Folgende Vorteile und Nachteile konnten ausgemacht werden:

Vorteile:
- Die Produkte sind erweiterbar. [14]
- Die Produkte stellen viele Funktionen zur Verfügung. Unter anderem auch jene Funktionen, die das Linzer Unternehmen gerne verwenden möchte. [14]
- Außerdem sind die Produkte leicht zu integrieren. [14]

Nachteile:
- Die Usability entspricht nicht den hohen Anforderungen und wirkt für Benutzer, die noch nie mit dem Programm gearbeitet haben, unübersichtlich. Um mit dem komplexen Produkt arbeiten zu können, müssen die Mitarbeiter auf jeden Fall eingeschult werden.
- Hohe Kosten durch den Kauf der Standardprodukte, deren Erweiterung und Anpassung durch Zusatzimplementierungen.

Soloplan GmbH (Produkt CarLo exCHANGE)
Hier wurde das Produkt CarLo exCHANGE der Firma Soloplan GmbH untersucht. Folgende Vorteile und Nachteile konnten ausgemacht werden:

Vorteile:
- Ist eine webbasierte Logistikplattform und erfüllt hinsichtlich Offenheit die Anforderungen. [15]
- Die Plattform besticht durch modernes Design. [15]
- Funktional bietet das Produkt alle gewünschten Funktionen an und darüber hinaus noch viele Funktionen, die das Linzer Familienunternehmen aktuell nicht benötigt. Jedoch macht der Hersteller auf seiner Internetseite keine Angaben hinsichtlich der Lademittelverwaltung, oder ob beim Auftrag hinterlegt werden kann welcher LKW-Typ für den Auftrag benötigt wird und ob es sich beim Auftrag um einen

Gefahrenguttransport handelt. Es ist also fraglich, ob das Produkt CarLo exCHANGE diese Funktionen anbietet.

Nachteile:
- Das Produkt bietet viele Funktionen und Features, um möglichst viele Anforderungen von verschiedenen Logistikdienstleistern abzubilden. Das ist natürlich löblich, aber auf der anderen Seite hat es für Logistikdienstleister, wie die Firma Schachinger Logistik Holding GmbH, die viele dieser Funktionen wie das Zeitfenstermanagement, Track & Trace oder die Anbindung an die Telematik aktuell nicht nutzen, den negativen Effekt, dass die Logistik-Plattform unnötig komplex, unübersichtlich und nicht sehr benutzerfreundlich ist. Ob nicht benötige Funktionen über Customizing ausgeblendet werden können, ist auf der Homepage des Herstellers nicht ersichtlich, und wenn das möglich ist wird das zusätzliche Kosten verursachen.

Wolters Kluwer Transport Services GmbH (Produkt Transwide)
Beim Anbieter Wolters Kluwer Transport Services GmbH wurde das Produkt Transwide analysiert. Folgende Vorteile und Nachteile konnten ausgemacht werden:

Vorteile:
- Das Produkt erfüllt die Anforderungen hinsichtlich Erweiterbarkeit und Funktionalität. Jedoch macht auch dieser Hersteller keine Angaben hinsichtlich der Lademittelverwaltung, oder ob beim Auftrag hinterlegt werden kann welcher LKW-Typ für den Auftrag benötigt wird und ob es sich beim Auftrag um einen Gefahrenguttransport handelt. Es ist also fraglich, ob das Produkt der Wolters Kluwer Transport Services GmbH diese Funktionen zur Verfügung stellt. [16]
- Das Portal erlaubt die Zusammenarbeit mehrerer Rollen. [16]
- Durch den modularen Programmaufbau können nur Funktionen gekauft und freigeschaltet werden, die auch gebraucht werden. [16]

Nachteile:
- Dieses Produkt entspricht nicht den hohen Anforderungen hinsichtlich Usability. Für neue User ist ohne eine Einschulung nicht ersichtlich, wie sie mit dem Programm ihre Aufgaben bewältigen sollen [26]. Ein Beispiel hierfür ist die folgende Abbildung, die das Eingabeformular für die Erstellung eines Transportauftrages, zeigt. Es ist im ersten Blick nicht ersichtlich wie viele Kubikmeter, Lademeter oder Palettenstellplätze die Ware beansprucht. Auch welches Transportmittel dafür von Nöten ist, lässt sich auf den ersten Blick nicht feststellen.
- Wie die folgende Abbildung der Eingabemaske für neue Transportaufträge zeigt [26], entspricht das Produkt auch nicht den designtechnischen Wünschen des Spediteurs.

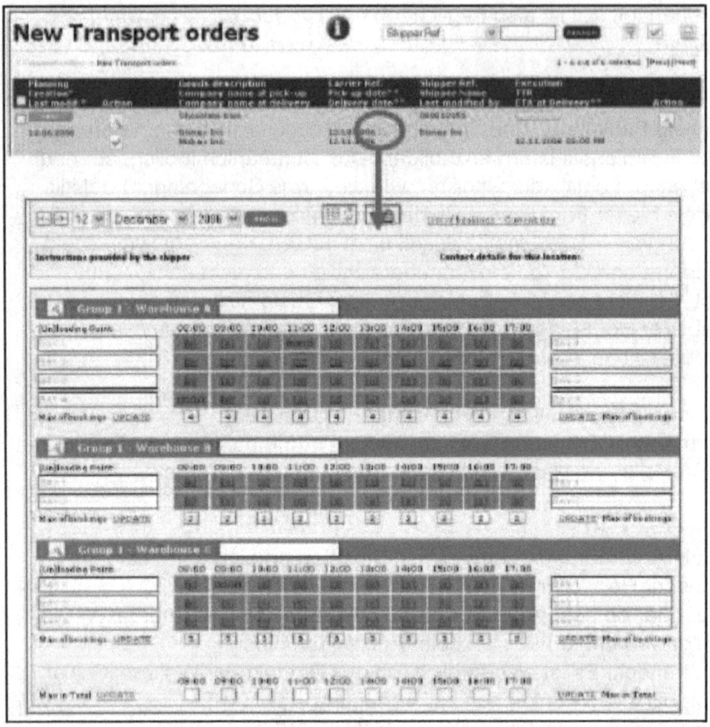

Abbildung 9: Neuen Transportauftrag erstellen mit dem Produkt Transwide [26]

Gehr GmbH (Produkt GehrDispoSP)

Beim Speditionssoftwareanbieter Gehr GmbH stand das Produkt GehrDispoSP im Fokus. Folgende Vorteile und Nachteile konnten ausgemacht werden:

Vorteile:

- Die Software umfasst viele Funktionen. [17]
- Darüber hinaus ist das Programm auch erweiterbar. [17]
- Der modularere Programmaufbau erlaubt es, dass nur benötigte Funktionen freigeschaltet und gekauft werden müssen. [17]

Nachteile:

- Funktional verfügt das Produkt über beinahe alle gewünschten Funktionen, allerdings kann beim Auftrag nicht angegeben werden welcher LKW-Typ für den Auftrag benötigt wird und ob es sich beim Auftrag um einen Gefahrenguttransport handelt. [17]
- Auch designtechnisch konnte das Programm den Spediteur nicht vollends überzeugen. Beim Auftrag hat man nicht alle wichtigen Felder im Blick, stattdessen muss man den Scrollbalken verwenden um alle relevanten Felder vom Auftrag begutachten zu können und die Menüleiste und die Buttons wirken nicht modern, wie die folgende Abbildung zeigt.

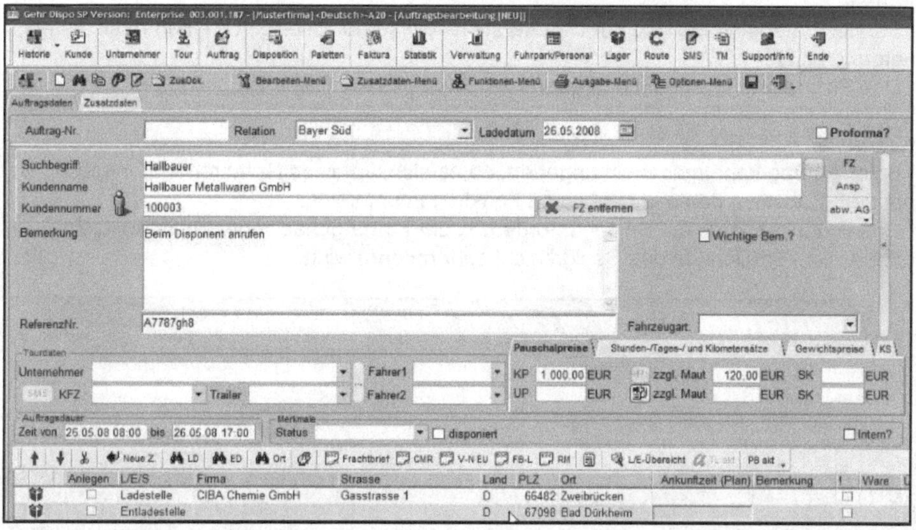

Abbildung 10: Erstellung eines neuen Auftrags mit dem Programm GehrDispoSP [17]

Fortigo GmbH (Produkt WinDispo)

Beim oberösterreichischen Unternehmen wurde das Produkt WinDispo untersucht. Folgende Vorteile und Nachteile konnten ausgemacht werden:

Vorteile:

- Auch dieses Programm verfügt über einen modulareren Programmaufbau. Somit müssen nur benötigte Funktionen freigeschalten und bezahlt werden. [18]
- Das Programm inkludiert einen Reportgenerator. [18]
- Das Programm verwendet laut Hersteller Standardschnittstellen, was zu einen höheren Grad der Offenheit des Systems führt. [18]

Nachteile:

- Beim Auftrag kann man nicht angegeben, ob es sich um einen Gefahrenguttransport handelt. Darüber hinaus ist fraglich, ob das Produkt eine Lademittelverwaltung anbietet, denn über dieses Thema konnten keine Informationen auf der Homepage des Herstellers gefunden werden. Alle anderen Funktionen scheint das Produkt zu unterstützen.
- Durch die vielen Möglichkeiten und Funktionen die das Programm bietet, wirkt das Produkt für Benutzer, die noch nie mit dem Programm gearbeitet haben, komplex und unübersichtlich. Vermutlich ist für die Benutzer eine Einschulung notwendig, um ein effizientes Arbeiten mit dem Programm gewährleisten zu können.

Trans-IT Ratzesberger (Produkt Multi-Dispo-Trans)

Beim Anbieter Trans-IT Ratesberger wurde das Produkt Multi-Dispo-Trans unter die Lupe genommen. Folgende Vorteile und Nachteile konnten ausgemacht werden:

Vorteile:
- Bei der Dateneingabe und der Datenerstellung wird der User durch einen Assistenten unterstützt. [19]
- Das Programm ist einfach und übersichtlich aufgebaut. [19]

Nachteile:
- Beim Auftrag kann man nicht angeben, ob es sich um einen Gefahrenguttransport handelt. Sonst werden alle benötigten Funktionen unterstützt.
- Das Produkt konnte die Designanforderung der Firma Schachinger Logistik Holding GmbH nicht erfüllen, da das Design nicht sehr modern wirkt.

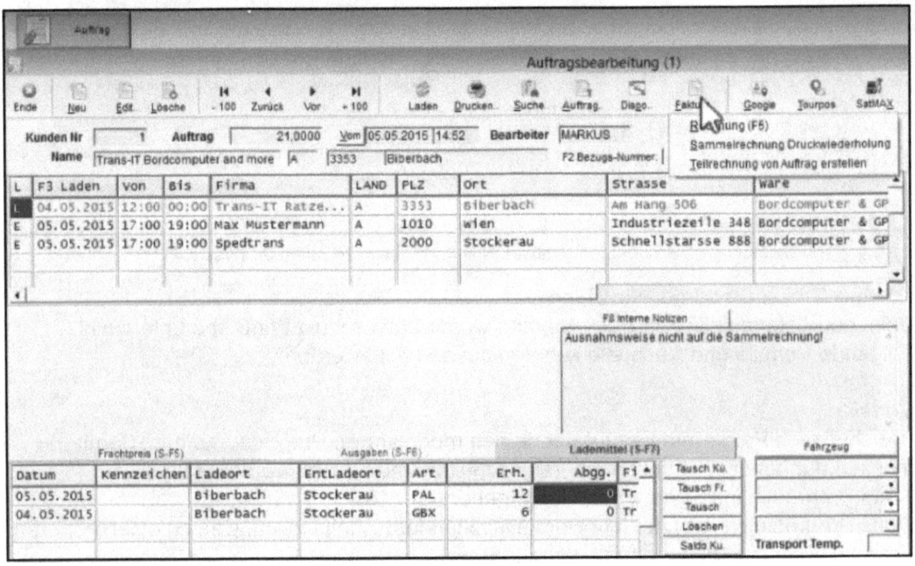

Abbildung 11: Auftragserfassung mit dem Produkt Multi-Dispo-Trans [19]

FUHRPARK Software GmbH (WinFuhr® - Speditionssoftware)
Beim Unternehmen FUHRPARK Software GmbH aus Oberlungwitz wurde das Produkt WinFuhr® - Speditionssoftware untersucht. Folgende Vorteile und Nachteile konnten ausgemacht werden:

Vorteile:
- Das Programm verfügt über einen modulareren Programmaufbau. Somit ist es nur nötig, dass benötigte Funktionen freigeschaltet und bezahlt werden. Ein Zusatzmodul ist zum Beispiel die geforderte Lademittelverwaltung. [20]

Nachteile:
- Das Produkt bietet beinahe alle notwendigen Funktionen an, allerdings werden bei den Aufträgen Gefahrenguttransporte nicht berücksichtigt. [20]
- Hinsichtlich der Designanforderungen konnte das Programm das Linzer Familienunternehmen nicht voll und ganz überzeugen. Das Design wirkt insgesamt nicht sehr modern, wie die nachfolgende Abbildung belegt.

- Das Programm ist weder für die Arbeit über WLAN noch über Smartphones geeignet. [20]

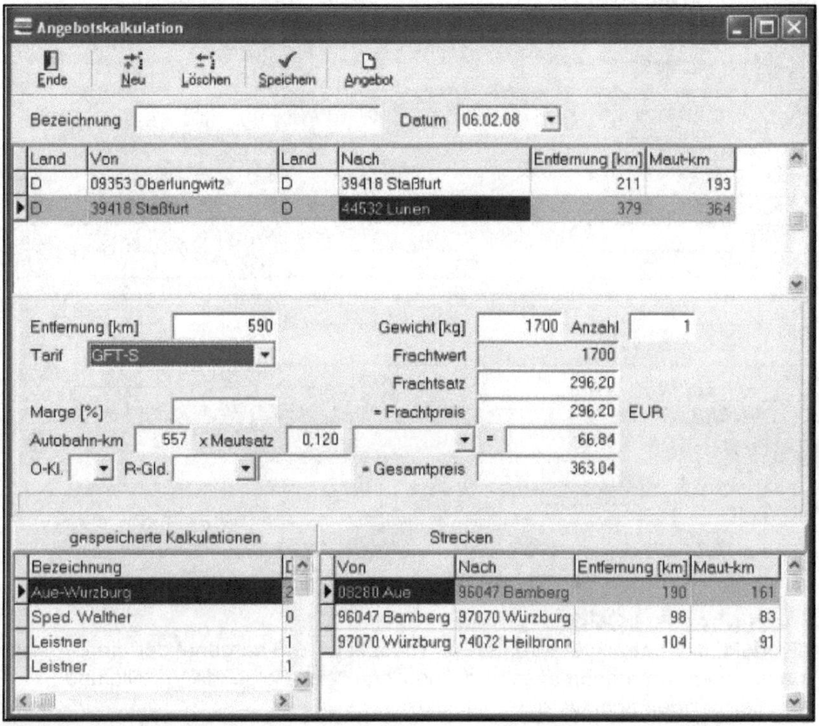

Abbildung 12: Angebotskalkulation mit dem Produkt WinFuhr – Speditionssoftware [20]

Computer Steiner GmbH (Produkt CS-TRANSPORT)

In diesem Abschnitt wird das Produkt CS-TRANSPORT der im Jahr 1978 gegründeten Firma Computer Steiner GmbH analysiert. Folgende Vorteile und Nachteile konnten ausgemacht werden:

Vorteile:

- Auch dieses Programm verfügt über einen modularen Aufbau. Somit werden nur benötigte Funktionen freigeschalten und bezahlt. [21]
- Der Hersteller bietet an, das Programm individuell zu erweitern, wenn das gewünscht ist. [21]

Nachteile:

- Beim Auftrag kann nicht definiert werden ob es sich um ein Gefahrengut handelt. [27]
- Auch dieses Programm entspricht nicht den Designvorstellungen des Spediteurs. Das Programm wirkt designtechnisch nicht sehr modern und die Formulare teilweise etwas überladen, wie etwa die Auftragserfassung.

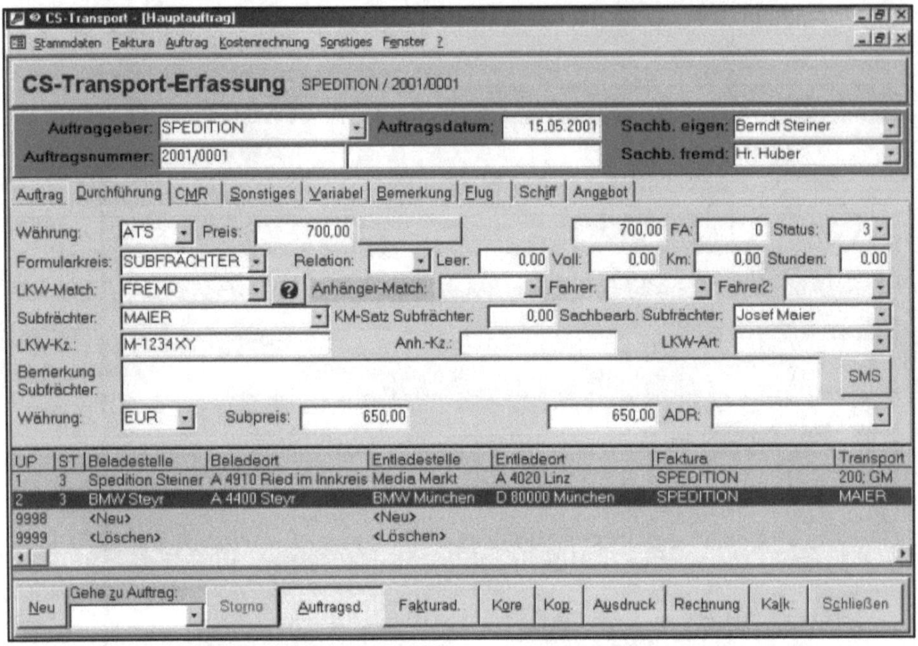

Abbildung 13: Auftragserstellung mit dem Produkt CS-TRANSPORT [27]

Logis IT GmbH (Produkt LOGIS cargonet)

Das letzte Produkt, das betrachtet wird, ist das Produkt LOGIS cargonet der Firma Logis IT GmbH, dass seinen Unternehmenssitz in Rudolfstadt hat. Folgende Vorteile und Nachteile konnten ausgemacht werden:

Vorteile:

- Der Anbieter bietet seinen Kunden an das Programm individuell zu erweitern, wenn das gewünscht ist. [22]
- Laut Hersteller können bestehende Anwendungen problemlos integriert werden. [22]

Nachteile:

- Unterstützt scheinbar die Lademittelverwaltung, die Verwaltung von Dokumenten, wie von Lieferscheinen und Frachtbriefen, und die Erstellung von Gefahrenguttransporten nicht.

3.4.3. Fazit

Die im Kapitel 2.3 vorgestellten Logistikprogramme haben alle ihre Stärken und Schwächen, jedoch konnte kein Produkt gefunden werden, das die Firma Schachinger Logistik Holding GmbH vollends überzeugt und die Anforderungen, die im Kapitel 3.4.1 dokumentiert wurden, hinsichtlich Offenheit, Usability, Design, Funktionalität und Erweiterbarkeit voll und ganz erfüllt. Vor allem die Anforderungen hinsichtlich Funktionalität und des geforderten hohen Grades an Usability konnten die vorgestellten Logistiksoftware nicht erfüllen. Hinsichtlich der Erreichbarkeit gab so gut wie keine

Anbieter, die über ihre Homepage Auskunft darüber gaben, ob die Software auch über andere Geräte wie einen Smartphone aufrufbar ist.
Da die Anforderungen nicht erfüllt werden konnten, wird eine Eigenimplementierung eines Prototyps präferiert. Auf diese Weise können alle Wünsche und Anforderungen voll und ganz umgesetzt werden und auch spätere Änderungswünsche sind problemlos umsetzbar. Zudem kann eine leicht zugängliche und offene Webplattform implementiert werden, die eine Zusammenarbeit zwischen den Rollen Kunde, Frächter und Spediteur fördert und ein erster Schritt Richtung „Physical Internet" ist. Außerdem kann die Webplattform somit jederzeit erweitert werden oder neue Programme entwickelt werden, die auf die Daten der Webplattform zugreifen und darauf aufbauen.
Das nachfolgende Kapitel beschreibt die Anforderungen und die Umsetzung vom Prototyp einer Webplattform. Unter anderem wird in diesem Kapitel die Architektur, das Datenbankmodell, die Formulare und die Funktionen vom Prototyp erläutert.

4. Digitalisierung

Zusammen mit der Firma Schachinger Logistik Holding GmbH wurde beschlossen, einen Prototyp einer Webplattform zu erstellen, der möglichst viele Prozessschritte des Prozesses des Transportauftragswesens, der im Kapitel 3.2 vorgestellt wurde, abbildet. Es sollen so wenig wie möglich unterschiedliche Programme und Kommunikationsmittel zum Einsatz kommen, um den Prozess zu vereinfachen und effizienter zu gestalten. Durch den Bau vom Prototyp soll der Nutzen und das Potential der Digitalisierung im Transportauftragswesen besser einschätzbar werden.

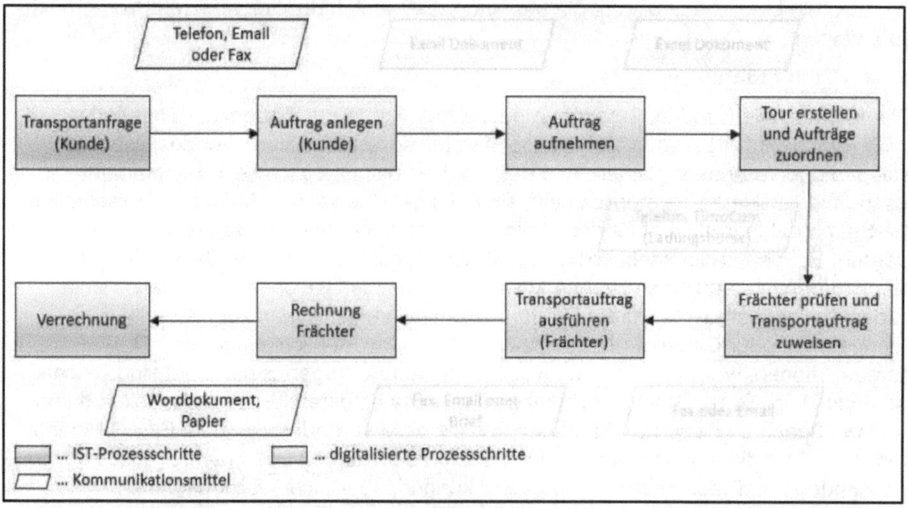

Abbildung 14: Schritte die zu digitalisieren sind im Arbeitsablauf der Firma Schachinger Logistik Holding GmbH

Digitalisiert werden soll der Prozess vom Task „Transportauftrag (Kunde)" bis zum Task „Rechnung Frächter" mit Hilfe des Prototyps.
Das nachfolgende Kapitel beschreibt die Anforderungen, die der Prototyp einer Webplattform erfüllen muss.

4.1. Anforderungsanalyse

Die folgenden Anforderungen für den Prototyp wurden in Zusammenarbeit mit dem Branchenlogistiker Schachinger Logistik Holding GmbH ausgearbeitet:

4.1.1. Benutzerverwaltung

Alle Rollen Kunde, Mitarbeiter des Spediteurs und der Frächter müssen die Möglichkeit haben, die Webplattform möglichst einfach zu erreichen. Ein Besucher der Webplattform muss die Möglichkeit haben, sich zu registrieren und anzumelden. Jede Rolle soll unterschiedliche Funktionen zur Verfügung haben, und es sollen nur die, für die jeweilige Partei relevanten Daten angezeigt werden. Wenn eine Registrierung stattgefunden hat, soll es auch die Möglichkeit geben, die bei der Registrierung angegebenen Daten wie etwa den Username, das Passwort oder die Unternehmensdaten zu editieren.

4.1.2. Erreichbarkeit

Der Prototyp soll ein sich anpassendes Design verwenden. Das bedeutet, der Prototyp soll auch auf unterschiedlichen Geräten mit unterschiedlichen Bildschirmgrößen verwendet werden können. Die Webplattform soll außerdem auch über diverse mobile Geräte wie Smartphones erreichbar sein.

4.1.3. Erweiterbarkeit

Der Prototyp muss erweiterbar sein. Sollten sich in Zukunft die Bedürfnisse ändern und Anpassungen von Nöten sein, dann soll das möglich sein. Darüber hinaus soll der Prototyp die Möglichkeit bieten, die bestehende Webplattform mit anderen Programmen zu erweitern.

4.1.4. Stammdaten

Stammdaten wie Kunden, Transportdienstleister, Standorte, Lademittel, Relationen, LKW Typen, Auftragsstatus und Transportstatus sollen die Mitarbeiter des Spediteurs anlegen und verändern können. Allerdings soll es nicht möglich sein, Stammdaten zu löschen, es soll lediglich möglich sein, sie auf inaktiv zu setzen. Auf diese Weise sollen die Stammdaten irrelevant für den Prototyp werden und nicht weiter berücksichtigt werden. Bei den Lademitteln soll es zusätzlich möglich sein, Lademitteltransaktionen durchzuführen. Dadurch soll vermerkt werden, zwischen welchen Parteien wie viele Lademittel ausgetauscht wurden. Unter Lademittel versteht man zum Beispiel Europaletten oder Gitterboxen. Zusätzlich soll es eine Möglichkeit geben herauszufinden, welche Lademittel aktuell welchen Aufträgen zugeordnet sind. Wichtig ist, dass lediglich der Spediteur Zugang zu den Stammdaten hat. Andere Rollen dürfen keinen Zugang zu diesen Daten haben und sie nicht verändern können. Eine Ausnahme bilden hier nur die eigenen Unternehmensdaten der Kunden und Frächter, diese sollen die Kunden und Frächter schon verändern können, aber nicht löschen können.

4.1.5. Usability und Design

Zusätzlich soll der Prototyp einfach zu bedienen und intuitiv sein. Ein Arbeiten mit dem Prototyp ohne Einschulung muss möglich sein. Optisch soll der Prototyp ansprechend gestaltet werden und „Font Awesome" Icons verwenden. In der Menüleiste soll die Schriftart „Bebas Neue" verwendet werden und bei den restlichen Texten soll die Schriftart „Oswald" zum Einsatz kommen. Außerdem soll jede Rolle eine andere

Menüleistenfarbe bekommen, damit auf einen Blick ersichtlich ist, welcher Rolle der aktuelle User zugeordnet ist. Alle Dialoge sollen über einen Header verfügen der Auskunft über den Dialog und dessen Inhalt gibt.
Um sicherzustellen, dass der Prototyp optisch den Vorstellungen entspricht, hat der Spediteur Schachinger Logistik Holding GmbH einen Designvorschlag erstellt:

Abbildung 15: Designvorschlag - Aufträge

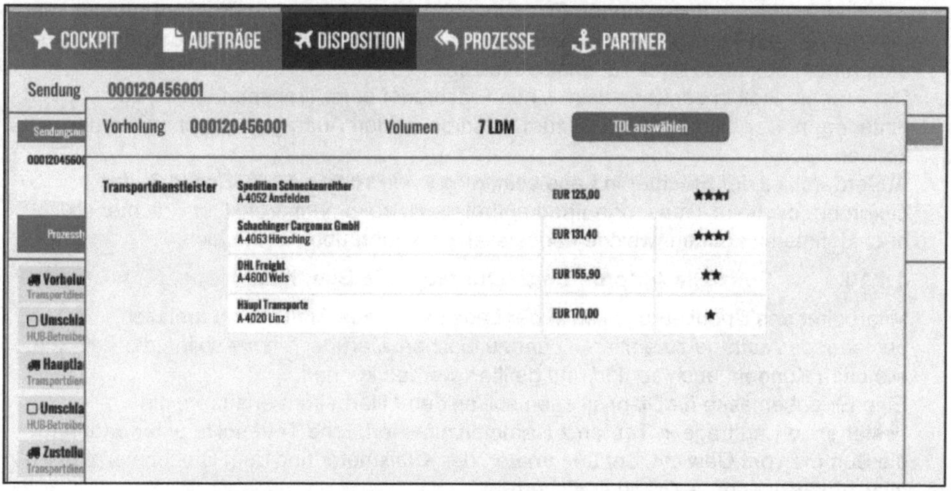

Abbildung 16: Designvorschlag – Disposition: Transportdienstleister zuordnen

4.1.6. Bewertung von Frächtern

Das System soll die Ausführung von Transportaufträgen automatisch bewerten können. Als Bewertungskriterien sollen die Pünktlichkeit und die Unversehrtheit der Lieferung verwendet werden. Die Mitarbeiter der Firma Schachinger Logistik Holding GmbH sollen letztendlich von jedem Frächter die durchschnittliche Bewertung und den durchschnittlichen Preis pro Lieferung abfragen können. Die Bewertung soll von einem Mitarbeiter der Firma Schachinger Logistik Holding GmbH bearbeitet werden können.

4.1.7. Automatisierte Lademittelzuordnung von Paletten

Wenn ein neuer Kundenauftrag erstellt wird, dann soll der Prototyp dem Auftrag automatisch die benötigten Paletten zuweisen. Diese automatische Form der Lademittelzuweisung soll für jeden Auftrag angewendet werden, der keinen Lademittelaustausch vornimmt. Mit Lademittelaustausch ist der Tausch von vollen Lademittel, wie Paletten mit der Ware, gegen leere Lademittel, also leere Paletten in diesem Fall, bei der Warenübergabe gemeint. Für solche Fälle muss keine Lademittelzuordnung angelegt werden, weil es in diesem Fall zu keiner Transaktion von Lademitteln zwischen den Parteien kommt.

4.1.8. Spezielle Anforderungen für die Rolle Kunde

Der Kunde soll in der Lage sein, neue Aufträge zu erstellen. Seine bestehenden Aufträge soll der Kunde verändern und löschen können. Wenn der Auftrag vom Kunde in Form eines Transportauftrages an den Frächter weitergeben wurde, dann soll der Kunde in der Lage sein, den Status der für ihn relevanten Transportaufträge sowie vom Auftrag selbst zu verfolgen. Außerdem soll es möglich sein, die Aufträge zu filtern und zu sortieren.

4.1.9. Spezielle Anforderungen für die Rolle Frächter

Wenn ein Transportauftrag einen Frächter angeboten wird, dann soll der Frächter automatisch eine entsprechende Emailbenachrichtigung bekommen. Der Frächter kann den Status vom Transportauftrag ändern und auf diese Weise einen Transportauftrag annehmen, ablehnen oder auf erledigt setzen.
Der Frächter soll in der Lage sein, einen Frachtbrief beim Transportauftrag zu hinterlegen. Der Lieferschein soll zum entsprechenden Auftrag gespeichert werden können.
Außerdem soll der Frächter in Lage sein, mögliche Probleme, wie Schäden der Lieferung, die beim Transportauftrag auftraten, zu dokumentieren. Der Frächter soll auch definieren können, welche Ladestellen er anfährt und welche nicht.

4.1.10. Spezielle Anforderungen für die Rolle Spediteur

Mitarbeiter des Spediteurs sollen in der Lage sein, neue Aufträge zu erstellen, bestehende Aufträge zu editieren oder zu löschen. Darüber hinaus sollen die Aufträge, wie beim Kunden, auch sortiert und gefiltert werden können.
Eine Eingabemaske für Dispositionen soll es den Mitarbeitern erlauben, die bestehenden Aufträge in Touren zusammenzufassen. Eine Tour sollte unter anderem die Summe vom Gewicht, der Lademeter, der Kubikmeter und der Palettenstellplätze aller zugewiesenen Aufträge speichern.
Ein Formular für Transportbeauftragungen soll den Mitarbeitern die Möglichkeit geben, den Touren Frächter zuzuweisen. Dabei soll der Mitarbeiter nur jene Frächter angezeigt bekommen, die die Ladestelle anfahren. Wenn es sich um einen Gefahrenguttransport handelt, sollen nur jene Frächter angezeigt werden, die so eine Art von Transport durchführen dürfen. Bei der Auswahl des Frächters soll neben dem Namen der durchschnittliche Preis und die durchschnittliche Bewertung ersichtlich sein. Der Mitarbeiter soll hier auch angegeben können, welcher Typ von Lastkraftwagen für den Transport von Nöten ist. Neben dem Erstellen von Transportaufträgen, durch die Zuweisung von Frächtern zu Touren, soll der Mitarbeiter auch Transportaufträge stornieren können. Wenn ein Transportauftrag bereits erledigt ist und bewertet wurde,

dann soll der Mitarbeiter die Möglichkeit haben, die Bewertung, falls notwendig, anzupassen.
Ein weiteres Formular soll den Mitarbeitern alle Frächter auflisten. Neben den Stammdaten des Frächters sollen hier auch der durchschnittliche Preis und die durchschnittliche Bewertung jedes Frächters ersichtlich sein.

4.2. Grobarchitektur

Aus den Anforderungsdaten wurde das folgende Bild generiert, das ganz oberflächlich zeigen soll, wie der Prototyp funktionieren soll. Die Abbildung beschreibt in einfachen Worten den Datenaustausch jeder Rolle mit der Webplattform:

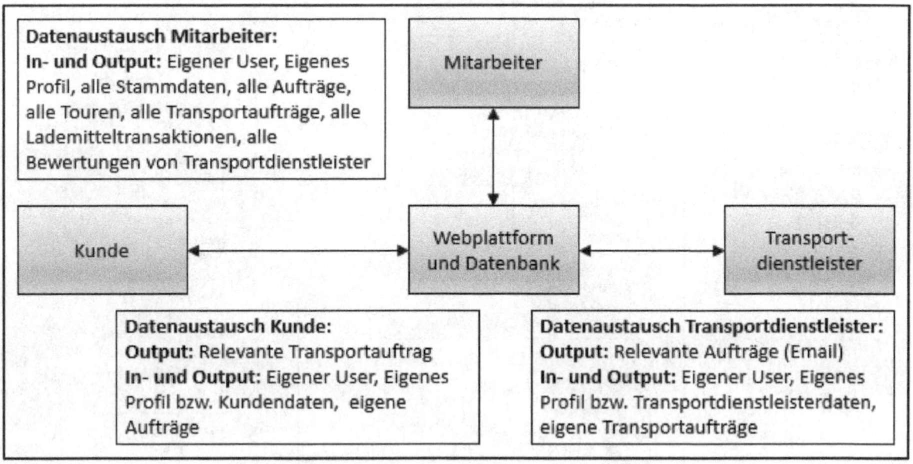

Abbildung 17: Datenaustausch mit dem Prototyp

Der Input beinhaltet alle Daten, die eine Rolle erstellen oder speichern kann und somit in weiterer Folge an die Webplattform übermittelt werden. Der Output zeigt alle Daten an, die eine Rolle von der Webplattform abrufen kann, aber nicht erzeugen oder ändern kann. Ein Beispiel hierfür sind die relevanten Transportaufträge für den Kunden. Der Kunde kann sich Transportaufträge, die mindestens einen seiner Aufträge beinhalten, abfragen aber nicht verändern. Der Kunde sieht die für ihn relevanten Transportaufträge, damit er den Status seiner Aufträge verfolgen kann. In- und Output bedeutet, dass die Rolle sowohl Daten erstellen und ändern als auch abrufen kann. Ein Beispiel hierfür ist der eigene User bei den Rollen Mitarbeiter, Kunde und Frächter. Jede dieser Rollen kann den eigenen User erstellen, ändern und abrufen.

4.3. Datenbankmodell

Von den Anforderungen und der Grobarchitektur wurde ein Datenbankmodell für den Prototyp abgeleitet und mit dem Linzer Unternehmen Schachinger Logistik Holding GmbH abgestimmt. Das folgende Datenbankmodell zeigt die verwendeten Datenbanktabellen, die Datenbankfelder und die Beziehungen zwischen den Datenbanktabellen:

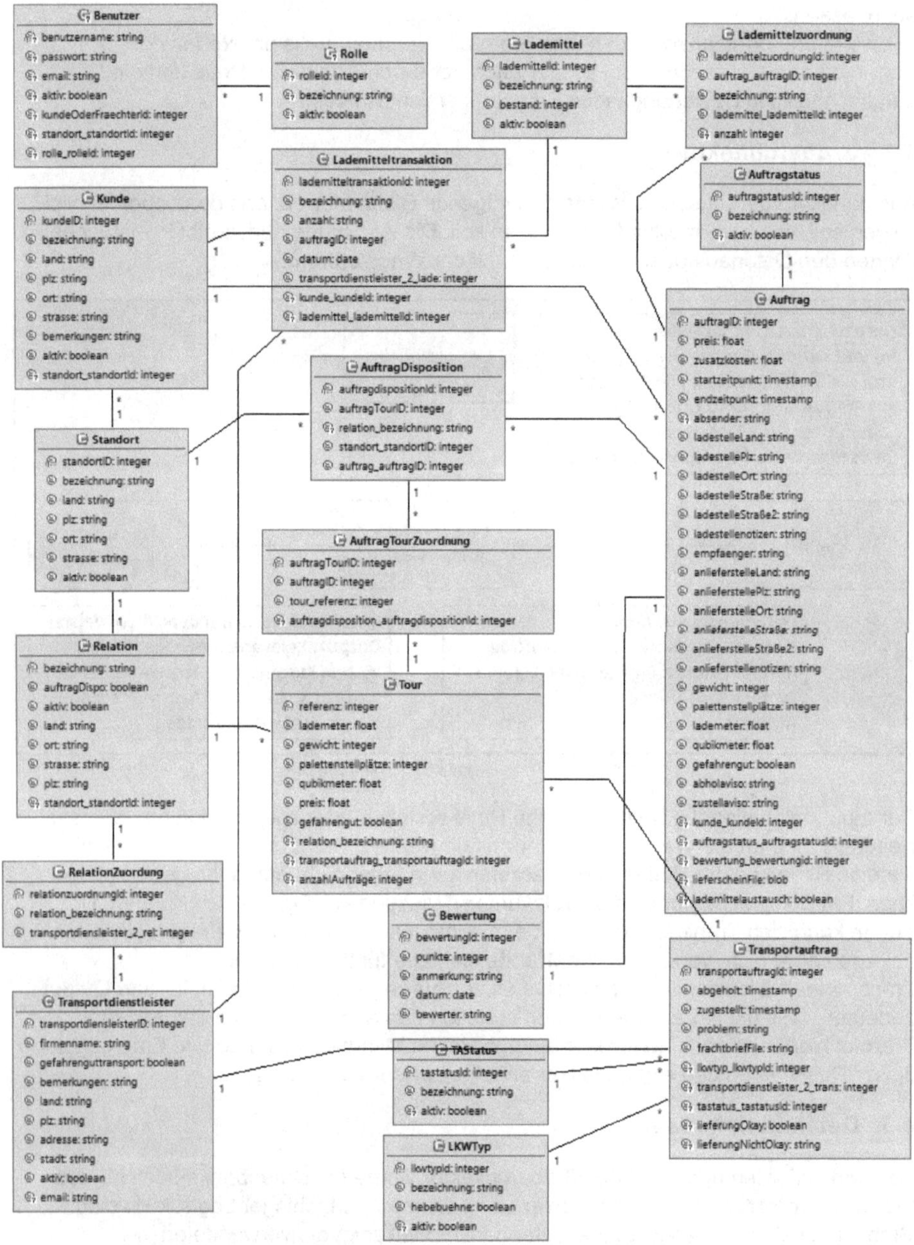

Abbildung 18: Prototyp Datenbankmodell

Da das Datenmodell etwas kompliziert ist, werden die Entitäten und die Relationen vom Datenmodell in den nächsten beiden Kapiteln erklärt.

4.3.1. Beschreibung der Entitäten

Die Datenbanktabelle „**Standort**" gibt Auskunft über die einzelnen Standorte der Firma Schachinger Logistik Holding GmbH. Jeder Standort hat eine eindeutige Standort-ID und ist über diese ID identifizierbar. Zudem besitzt der Standort eine sprechende Bezeichnung, die im Prototyp primär zur Anzeige verwendet wird. Außerdem verfügt der Standort über eine Anschrift. Die Anschrift umfasst das Land, die Postleitzahl (PLZ), den Ort und die Straße des Standortes. Das Boolean-Feld „aktiv" komplettiert die Datenbanktabelle „Standort" und definiert, ob der Standort aktuell aktiv ist oder nicht. Da der Standort zu den Stammdaten gehört kann er nicht gelöscht, sondern nur auf inaktiv gesetzt werden.

In der Entität „**Kunde**" sind Informationen über die Kunden pro Standort gespeichert. Kunden können über das Feld „kundeID" eindeutig identifiziert werden. Der Name vom Kunden kann in das Feld „bezeichnung" eingetragen werden. Dieses Feld wird im Prototyp vorrangig dazu verwendet, um den Kunden abzubilden. Im Feld „anmerkungen" können Informationen zum Kunden gespeichert werden, wie etwa andere Aufträge und deren Preise oder Hinweise, wenn es Probleme mit der Zahlung gab. Die Anschrift vom Kunden kann man ebenfalls speichern. Auch in diesem Fall setzt sich die Anschrift aus dem Land, der Postleitzahl (PLZ), dem Ort und der Straße zusammen. Das Feld „aktiv" gibt an, ob der Kunde ein aktueller Kunde ist oder ein ehemaliger Kunde ist. Wie der Standort gehört auch der Kunde zu den Stammdaten und kann deshalb nicht gelöscht werden, sondern nur auf inaktiv gesetzt werden. Das Datenbankfeld „standort_standortId" gibt an welchen Firmenstandort der Firma Schachinger Logistik Holding GmbH der Kunde zugeordnet ist.

Die Datenbanktabelle „**Relation**" beinhaltet alle für die Lieferungen relevanten Orte wie etwa die Ladestellen der Lieferungen und deren Umschlagpunkte. Beispiele für solche Umschlagpunkte sind typischerweise Hauptumschlagsbasen (HUBs), Flughäfen und Häfen. Das Feld „bezeichnung" gibt den Namen vom Ort an und ist der Schlüssel der Tabelle. Das bedeutet die Bezeichnung der Relation muss eindeutig sein, denn über dieses Feld werden die Relationseinträge identifiziert. Außerdem wird dieses Feld vorrangig zur Darstellung von Standorten im Prototyp verwendet. Das Feld „aktiv" definiert, ob die Relation aktuell noch genutzt wird oder nicht. Wie der Standort und der Kunde gehört auch die Relation zu den Stammdaten und kann deshalb nicht gelöscht werden, sondern nur auf inaktiv gesetzt werden. Mit Hilfe des Feldes „standort_standortId" wird definiert, welcher Firmenstandort für welche Standorte zuständig ist. Ob ein Ort ein Endziel ist oder nicht, wird durch den Wert vom Feld „auftragDispo" festgelegt. Endziele haben in diesem Feld den Wert 0 eingetragen während Zwischenziele den Wert 1 eingetragen haben. Umschlagpunkte sind zum Beispiel typischerweise keine Endziele, weil die Lieferung von diesem Punkt aus noch weiter transportiert werden muss. Relationen wie „Partner" oder „Direkt" sind hingegen Endziele, denn von diesen Punkten aus muss kein weiterer Transport mehr organisiert werden. „Direkt" bedeutet, dass die Lieferung dem Kunden direkt zugestellt wird, ohne Umschlagpunkte anzufahren. „Partner" bedeutet hingegen, dass die Lieferung an ein Partnerunternehmen übergeben wird, dass die Verantwortung für die Auslieferung der Ware übernimmt. Neben den bereits beschriebenen Feldern beinhaltet die Tabelle auch

wieder eine Anschrift. Diese besteht wie in den vorherigen Tabellen aus dem Land, der Postleitzahl (PLZ), dem Ort und der Straße.
Alle Lademittel die im System vorkommen werden in der Datenbanktabelle „**Lademittel**" gespeichert. Beispiele für Lademittel sind Europaletten und Gitterboxen. Der Bestand gibt an, wie viele Einheiten der Lademittel vorrätig sind. Die Bezeichnung gibt den Namen der Lademittel an und wird im Prototyp primär dazu verwendet Lademittel anzuzeigen. Die eindeutige Lademittel-ID erlaubt es Lademittel eindeutig zu identifizieren und das aktiv-Flag gibt an, ob ein Lademittel gerade aktiv verwendet wird oder nicht. Da es sich beim Lademittel auch wieder um Stammdaten handelt, können diese Daten nämlich nicht gelöscht werden, sondern nur inaktiv gesetzt werden.
Welche Lademittel welchen Aufträgen zugeordnet werden ist in der Datenbanktabelle „**Lademittelzuordnung**" ablesbar. Auch in dieser Tabelle besitzt jeder Eintrag eine eindeutige ID mit den Namen „lademittelzuordnungid" mit der die Einträge identifiziert werden können. Neben der Lademittelzuordnung-ID gibt es in dieser Tabelle noch die Felder „auftrag_auftragId", „lademittel_lademittelId" und „anzahl" die angeben wie viele Einheiten von einem bestimmten Lademittel einen Auftrag zugeordnet wurden. Beim Feld „bezeichnung" kann man eine sprechende Bezeichnung für die Lademittelzuordnung angegeben. Automatische Lademittelzuordnungen, die im Zuge einer Anlage eines Auftrages erstellt werden schreiben hier zum Beispiel folgenden Text rein: „Die Paletten werden im Zuge von Auftrag 1 verwendet."
Wenn Lademitteltransaktionen zwischen einem Kunden oder einem Frächter und der Firma Schachinger Logistik Holding GmbH stattfinden, dann werden diese Transaktionen in der Entität „**Lademitteltransaktion**" gespeichert. Somit behält man einen Überblick über die Transaktionen und es lässt sich feststellen, wer aktuell Lademittel hat beziehungsweise von wem die aktuellen Lademittel sind. Die Lademitteltransaktion-ID erlaubt es in dieser Tabelle einzelne Einträge eindeutig zu identifizieren. Wenn die Transaktion im Zuge eines Auftrages stattfindet, dann kann man die Auftrag-ID im gleichnamigen Feld speichern. Die ID der anderen Partei wird je nachdem ob es sich um einen Kunden oder einen Transportdienstleister handelt, im Feld „transportdienstleister_2_lade" oder im Feld „kunde_kundeId" gespeichert. Welcher Lademittel und wie viele Einheiten eines Lademittels Teil der Transaktion sind, wird in den Feldern „anzahl" und „lademittel_lademittelId" hinterlegt. Abschließend wird noch im Feld „datum" festgehalten, wann die Transaktion stattfand.
Die Datenbanktabelle „**Auftragstatus**" besteht aus einer eindeutigen Auftragsstatus-ID, einer Bezeichnung und einer aktiv-Flag. Diese Tabelle definiert welchen Status ein Auftrag annehmen kann. Die ID erlaubt es die Einträge in der Tabelle zu unterscheiden und zu identifizieren. Das Feld „bezeichnung" beinhaltet eine sprechende Beschreibung vom Status und wird hauptsächlich zur Anzeige im Prototyp verwendet. Das aktiv-Flag gibt an, ob der Eintrag zum gegenwärtigen Zeitpunkt verwendet wird. Das aktiv-Flag ist notwendig, weil der Auftragstatus gehört zu den Stammdaten und kann somit nicht gelöscht werden, sondern nur inaktiv gesetzt werden. Defaultmäßig kann ein Auftrag folgende Status annehmen: „erfasst", „disponiert", „in Auslieferung", und „zugestellt".
In der Entität „**Auftrag**" werden die Aufträge der Kunden gespeichert. Neben einer eindeutigen Auftrag-ID, dass der Identifizierung von Aufträgen dient, beinhaltet die Tabelle auch ein Preis- und ein Zusatzkostenfeld. Zusatzkosten können zum Beispiel Mautkosten, Dieselzuschläge oder Stehzeiten beim Kunden sein. In der Tabelle werden der Startzeitpunkt und der Endzeitpunkt der Lieferung erfasst sowie der Lieferumfang im Form einer Lademeter-, Kubikmeter-, Palettenstellplätze- und Gewichtsangabe.

Außerdem werden Daten zum Absender und zum Empfänger gespeichert. Von beiden Parteien wird neben der Absender- beziehungsweise der Empfängerbezeichnung das Land, die Postleitzahl, der Ort, die Straße und Notizen hinterlegt. Die Notizen bestehen aus den Feldern „ladestelleStraße2“ und „ladestelleNotizen“ beziehungsweise „anlieferstelleStraße2“ und „anlieferstelleNotizen“. Bei den Feldern mit der „Straße2“-Endung soll eventuelle Rampennummern oder Ladestationsnummern hinterlegt werden, während bei den Feldern mit einer „Notizen“-Endung Details oder Informationen zur Ladestelle beziehungsweise zur Anlieferstelle hinterlegt werden. Das Gefahrengut-Flag am Auftrag gibt an, ob es sich bei der Lieferung um einen Gefahrenguttransport handelt oder nicht. Zusätzlich kann beim Auftrag auch ein Abholaviso und ein Zustellaviso eingetragen werden. Das Feld „kunde_kundeid“ gibt an, welcher Kunde den Auftrag erstellt hat und das Feld „auftragstatus_auftragstatusId“ gibt an welchen Status der Auftrag zum gegenwärtigen Zeitpunkt innehat. Das Datenbankfeld „bewertung_bewertungId“ gibt an welche Bewertung zum jeweiligen Auftrag gehört. Das Lademittelaustausch-Flag gibt an, ob ein Lademittelaustausch am Ziel, also der Anlieferstelle, stattfindet. Ein Lademittelaustausch bedeutet, dass die vollen Lademittel, wie etwa Paletten mit der Ware, gegen leere Lademittel getauscht werden. Auf diese Weise muss es zu keiner Lademitteltransaktion kommen. In dem Tabellenfeld „lieferscheinFile“ kann das File, dass den Lieferschein beinhaltet, hochgeladen und gespeichert werden. Auf diese Weise kann zum Beispiel ein Bild vom jeweiligen File hochgeladen werden.
Die Ladestelle und die Umschlagspunkte eines Auftrags werde in der Datenbanktabelle „**AuftragDispostion**“ gespeichert. Neben der eindeutigen AuftragsDisposition-ID, die eine eindeutige Identifikation der Tabelleneinträge erlaubt, werden in dieser Tabelle noch die Auftrag-ID, die Standort-ID, die Relationsbezeichnung und die AuftragTour-ID gespeichert. Die Relationsbezeichnung repräsentiert die anzufahrenden Orte und die Auftrag-ID den dazugehörigen Auftrag. Die Standort-ID gibt an, welcher Standort der Firma Schachinger Logistik Holding GmbH für den jeweiligen Ort zuständig ist und die AuftragTour-ID definiert die dazugehörige AuftragTourZuordnung.
Die Datenbanktabelle „**AuftragTourZuordnung**“ gibt an welche Tour einen Auftrag oder einen Teil eines Auftrages ausliefern wird. Neben der eindeutigen AuftragTour-ID wird in dieser Tabelle noch die Auftrag-ID gespeichert, die angibt, welcher Auftrag der Tour zugeordnet ist. Die Tourreferenz gibt an, welche Tour den Auftrag ausliefern soll, und die Auftragsdisposition-ID deklariert die dazugehörige Auftragsdisposition.
Eine Tour transportiert einen oder mehrere Aufträge zur Anlieferstelle oder zu einem Umschlagspunkt und wird in der gleichnamigen Entität „**Tour**“ gespeichert. Die Tour beinhaltet neben einer eindeutigen Referenz, die eine eindeutige Identifizierung der Toureinträge erlaubt, auch ein Preisfeld, das den Gesamtpreis aller zugewiesenen Aufträge speichert. Auch in dieser Tabelle wird der gesamte Lieferumfang in Form von Lademeter-, Kubikmeter-, Palettenstellplätze- und Gewichtsangaben definiert und gespeichert. Das Gefahrengut-Flag gibt an, ob es sich bei der Tour um einen Gefahrenguttransport handelt. Die Relationsbezeichnung gibt den Startpunkt der Tour an und die Transportauftrag-ID gibt den dazugehörigen Transportauftrag an.
Die Entität „**Transportdienstleister**“ beinhaltet die Daten der Transportdienstleister. In der Tabelle werden der Firmenname, die Emailadresse, das Land, die Postleitzahl, die Stadt und die Adresse vom Frächter in den gleichnamigen Feldern gespeichert. Der Firmenname wird vorrangig zur Anzeige eines Transportdienstleisters im Prototyp verwendet. Zusätzlich gibt es noch eine eindeutige Transportdienstleister-ID, die eine

Identifizierung eines Transportdienstleisters erlaubt, und ein Gefahrenguttransport-Flag, das angibt, ob der Transportdienstleister Gefahrenguttransporte durchführen darf oder nicht. Das aktiv-Flag gibt an, ob der Transportdienstleister zum gegenwärtige Zeitpunkt zur Verfügung steht oder nicht. Das Flag ist notwendig, weil Transportdienstleister zu den Stammdaten gehören und somit nicht entfernt werden dürfen. Im Feld „bemerkungen" kann man Ergänzungen oder zusätzliche Informationen aufführen wie etwa bereits absolvierte Aufträge und deren Preise. Eine andere Möglichkeit wäre, dass man in diesem Feld erlangte Zertifizierungen aufführt, die eine professionelle Tätigkeit und Ausführung bestätigen.

Welche Orte ein Transportdienstleister anfährt und welche nicht wird in der Datenbanktabelle „**RelationZuordnung**" definiert. Die Tabelleneinträge besitzen eine eindeutige RelationZuordnung-ID, die eine Identifizierung erlaubt, sowie die Relation Zuordnung, die den Ort repräsentiert und eine Transportdienstleister-ID, die den jeweiligen Frächter darstellt.

In der Entität „**Transportauftrag**" werden die Aufträge gespeichert die an einen Transportdienstleister weitergeleitet werden. Über das Transportauftrag-ID Feld sind die Transportaufträge eindeutig identifizierbar. Das Feld „abgeholt" und „zugestellt" gibt an, zu welchen Zeitpunkt die Lieferung abgeholt beziehungsweise zugestellt wurde. Wenn es bei der Lieferung ein Problem gibt, dann kann das Problem im gleichnamigen Felder vermerkt werden. Wenn die Lieferung zugestellt wurde, kann im Feld „lieferungOkay" angegeben werden, ob die Lieferung in Ordnung ist. Wenn die Lieferung nicht in Ordnung ist, kann im Feld „lieferungNichtOkay" angegeben werden was mit der Lieferung nicht in Ordnung ist. Zum Beispiel kann angegeben werden, ob etwas bei der Lieferung beschädigt wurde oder ob etwas fehlt. In dem Tabellenfeld „frachtbriefFile" kann das File, das den Frachtbrief beinhaltet, hochgeladen und gespeichert werden. Das Feld „lkwtyp_lkwtypId" gibt an, welche Art von Lastkraftwagen für den Transport notwendig ist. Die ID vom Transportdienstleister ist im Feld „transportdienstleister_2_trans" eingetragen ist und gibt an, welcher Frächter den Transport durchführt. Der aktuelle Status vom Transportauftrag ist im Feld „tastatus_tastatusId" hinterlegt.

In der Datenbanktabelle „**Bewertung**" werden die Bewertungen der einzelnen Aufträge gespeichert. Die Einträge sind eindeutig über die Bewertung-ID identifizierbar. Mit Hilfe der Felder „bewerter" und „datum" wird gespeichert, wer und wann eine Bewertung abgegeben wurde. Die Punkte werden im gleichnamigen Feld gespeichert, wobei 10 Punkte die beste Bewertung darstellt. Bewertet werden sollen zum einen die Pünktlichkeit der Lieferung und zum anderen die Unversehrtheit der Lieferung. Bei der automatischen Bewertung über den Prototyp werden jedem Kriterium 5 Punkte zugewiesen. Das bedeutet, wenn der Auftrag sowohl pünktlich als auch unversehrt abgeschlossen wird, dann erhält der Transportdienstleister 10 Punkte. Wenn die Lieferung zu spät oder beschädigt eintrifft, erhält der Frächter nur 5 von 10 Punkten und wenn die Lieferung zu spät und beschädigt zugestellt wird, erhält der Transportdienstleister null Punkte für den Auftrag. Im Feld „anmerkung" kann man die Punktevergabe begründen.

Die verschiedenen Status, die ein Transportauftrag annehmen kann sind in der Datenbanktabelle „**TAStatus**" gespeichert. Die Tabelle besteht aus einer eindeutigen TAStatus-ID, einer sprechenden Bezeichnung und einem aktiv-Flag, das angibt, ob der Status zum aktuellen Zeitpunkt zur Verfügung stehen soll. Das aktiv-Flag ist notwendig, weil TAStatus zu den Stammdaten gehört und somit nur inaktiv gesetzt werden kann, aber nicht gelöscht werden kann. Die TAStatus-ID erlaubt eine eindeutige Identifikation der Tabelleneinträge und die Bezeichnung wird im Prototyp primär zur Anzeige verwendet. Die Defaultwerte sind „erfasst", „angefragt", „angenommen", „storniert", „Problem" und „erledigt".

Die verschiedenen Arten von Lastkraftwagen die zur Verfügung stehen, werden in der Entität „**LKWTyp**" definiert. Neben der eindeutigen LKW Typ-ID, die eine Identifikation der Einträge erlaubt, besitzt die Tabelle noch eine sprechende Bezeichnung, ein aktiv-Flag, das angibt, ob der LKW Typ gegenwärtig zur Verfügung stehen soll und aus dem Hebebühne-Flag, das angibt, ob der LKW Typ über eine Hebebühne verfügt. Das Bezeichnungsfeld wird im Prototyp zur Darstellung des LKW-Typs verwendet. Das aktiv-Flag ist wie beim TAStatus notwendig, weil auch der LKWTyp zu den Stammdaten gehört und demzufolge nicht gelöscht werden kann, sondern nur inaktiv gesetzt werden kann.

Die Datenbanktabelle „**Benutzer**" verwaltet alle Benutzer der Webplattform. Die Benutzer sind über ihren Benutzernamen eindeutig identifizierbar. Neben dem Benutzernamen wird noch das Passwort, die Emailadresse und das aktiv-Flag gespeichert. Das aktiv-Flag gibt an, ob der Benutzer aktuell Zugang zum System hat oder nicht. Im Feld „kundeOderFraechterId" wird die ID vom Frächter oder vom Kunden gespeichert, vorausgesetzt der Benutzer ist ein Kunde oder ein Frächter. Die Standort-ID gibt an, welcher Standort für den Benutzer zuständig ist. Die Rolle-ID gibt an, welche Rolle der Benutzer innehat.

Die verschiedenen Rollen der Webplattform werden in der Datenbanktabelle „**Rolle**" gespeichert. Die Rollen sind über die Rollen-ID eindeutig identifizierbar. Neben der Rollen-ID gibt es noch ein Feld für eine sprechende Bezeichnung und ein aktiv-Flag, das angibt, ob die Rolle aktuell zur Verfügung steht im Prototyp oder nicht. Der Prototyp hat standardmäßig die Rollen „Kunde", „Frächter" und „Mitarbeiter der Firma Schachinger Logistik Holding GmbH".

4.3.2. Beschreibung der Relationen

Die Tabellen „**Benutzer**" und „**Rolle**" verbindet eine 1:N Relation, denn ein Benutzer kann immer nur eine Rolle haben, aber eine Rolle kann mehrere Benutzer haben.

Da eine Relation immer nur einen Standort haben kann, aber ein Standort mehrere Relationen beinhalten kann, besteht zwischen den Datenbanktabellen „**Relation**" und „**Standort**" eine 1:N Beziehung.

Zwischen den Tabellen „**Kunde**" und „**Standort**" besteht auch eine 1:N Relation, denn ein Standort kann mehrere Kunden haben, aber ein Kunde kann immer nur einen Standort zugeordnet sein.

Auch zwischen den Entitäten „**Lademitteltransaktion**" und „**Kunde**" besteht eine 1:N Relation, denn ein Kunde kann mehrere Lademitteltransaktionen haben, aber eine Lademitteltransaktion kann immer nur einen Kunden zugeordnet sein.

Ebenfalls eine 1:N Relation verbindet die Tabellen „**Lademitteltransaktion**" und „**Lademittel**", weil eine Lademitteltransaktion immer nur einem Lademittel zugewiesen sein kann, aber ein Lademittel mehrere Lademitteltransaktionen besitzen kann.

Die Entitäten „**Lademittelzuordnung**" und „**Lademittel**" verbindet ebenfalls eine 1:N Relation, denn eine Lademittelzuordnung kann immer nur ein Lademittel haben, aber ein Lademittel kann mehrere Lademittelzuordnungen haben.

Zwischen den Tabellen „**Auftrag**" und „**Kunde**" besteht auch eine 1:N Relation, denn ein Kunde kann mehrere Aufträge haben, aber ein Auftrag kann immer nur einen Kunden zugeordnet sein.
Auch zwischen den Datenbanktabellen „**AuftragDisposition**" und „**Standort**" besteht eine 1:N Relation, denn ein Standort kann mehrere Auftragsdispositionen haben, aber einer Auftragsdisposition kann immer nur einen Standort zugeordnet sein.
Ebenfalls eine 1:N Relation verbindet die Tabellen „**AuftragDisposition**" und „**Auftrag**", weil eine Auftragsdisposition immer nur einem Auftrag zugewiesen sein kann, aber ein Auftrag mehrere Auftragsdispositionen (Ladestelle und Umschlagpunkte) besitzen kann.
Da ein Auftrag immer nur einen Auftragsstatus haben kann, aber ein Auftragsstatus mehrere Aufträge beinhalten kann, besteht zwischen den Datenbanktabellen „**Auftrag**" und „**Auftragstatus**" ebenfalls eine 1:N Beziehung.
Die Tabellen „**AuftragTourZuordnung**" und „**AuftragDisposition**" verbindet ebenfalls eine 1:N Relation, denn eine Auftrag-Tour Zuordnung kann immer nur eine Auftragsdisposition haben, aber eine Auftragsdisposition kann mehrere Auftrag-Tour Zuordnungen haben.
Zwischen den Tabellen „**AuftragTourZuordnung**" und „**Tour**" besteht auch eine 1:N Relation, denn eine Tour kann mehrere Auftrag-Tour Zuordnungen haben, aber eine Auftrag-Tour Zuordnung kann immer nur einer Tour zugeordnet sein.
Auch zwischen den Datenbanktabellen „**Tour**" und „**Relation**" besteht eine 1:N Relation, denn eine Relation kann mehrere Touren haben, aber eine Tour kann immer nur einer Relation zugeordnet sein.
Ebenfalls eine 1:N Relation verbindet die Tabellen „**RelationZuordung**" und „**Relation**", weil eine Relation Zuordnung immer nur einer Relation zugewiesen sein kann, aber eine Relation mehrere Relation Zuordnungen besitzen kann.
Die Tabellen „**RelationZuordung**" und „**Transportdienstleister**" verbindet eine 1:N Relation, denn ein Benutzer kann immer nur eine Rolle haben, aber eine Rolle kann mehrere Benutzer haben.
Zwischen den Tabellen „**Tour**" und „**Transportauftrag**" besteht auch eine 1:N Relation, denn ein Transportauftrag kann mehrere Touren haben, aber eine Tour kann immer nur einen Transportauftrag zugeordnet sein.
Auch zwischen den Datenbanktabellen „**Lademitteltransaktion**" und „**Transportdienstleister**" besteht eine 1:N Relation, denn ein Transportdienstleister kann mehrere Lademitteltransaktionen haben, aber eine Lademitteltransaktion kann immer nur einen Transportdienstleister zugeordnet sein.
Ebenfalls eine 1:N Relation verbindet die Tabellen „**Transportauftrag**" und „**Transportdienstleister**", weil ein Transportauftrag immer nur einem Transportdienstleister zugewiesen sein kann, aber ein Transportdienstleister mehrere Transportaufträge besitzen kann.
Die Tabellen „**Bewertung**" und „**Transportauftrag**" verbindet eine 1:1 Relation, denn ein Transportauftrag kann immer nur eine Bewertung haben und eine Bewertung kann immer nur einem Transportauftrag zugewiesen sein.
Zwischen den Tabellen „**Transportauftrag**" und „**TAStatus**" besteht eine 1:N Relation, denn ein Transportauftragsstatus kann mehrere Transportaufträge haben, aber ein Transportauftrag kann immer nur einen Transportauftragsstatus zugeordnet sein.
Auch zwischen den Datenbanktabellen „**Transportauftrag**" und „**LKWTyp**" besteht eine 1:N Relation, denn ein LKW Typ kann mehrere Transportaufträge haben, aber ein Transportauftrag kann immer nur einen LKW Typ zugeordnet sein.

Mit den Funktionen und den Formularen die im Prototyp aufrufbar sind, beschäftigt sich das nächste Kapitel. Dabei wird gezeigt, wie jede Rolle den Prototyp sieht und welche Aktionen jede Rolle ausführen kann. Das wird gemacht, weil jeder Rolle andere Formulare, Eingabemasken und andere Aktionen im Prototyp zur Verfügung stehen. Abschließend wir noch auf die Funktionen eingegangen die der Prototyp automatisch macht.

4.4. Prototyp

Dieses Kapitel beschreibt den Inhalt der verschiedenen Formulare und Eingabemasken vom Prototyp, sowie die Aktionen die im Prototyp ausführbar sind. Zu Beginn des Kapitels wird der Prototyp aus der Sicht des Kunden, dann aus der Sicht des Frächters und abschließend aus der Sicht des Spediteurs betrachtet, da jede Rolle andere Formulare, Eingabemasken und Aktionen im Prototyp aufrufen kann. Das Kapitel endet mit einem Unterkapitel „Automatisierte Funktionen“. In diesem Kapitel werden alle Funktionen aufgezeigt, die der Prototyp automatisch erledigt, und die bisher noch nicht erwähnt wurden.

4.4.1. Kundensicht

Diese Kapitel beschreibt die Aktionen, die Formulare und die Eingabemasken die ein Kunde auf der Webplattform ausführen kann. Wenn der Kunde den Prototyp der Webplattform aufruft, erscheint ein Login Formular.

Login Formular
Das Login Formular ist für alle Besucher der Webplattform die Startseite. Auf dieser Seite hat der Kunde die Möglichkeit, sich mit seinem bestehenden User anzumelden. Sollte der Kunde einen falschen Benutzernamen oder ein falsches Passwort eingeben, dann bekommt der Kunde eine entsprechende Fehlermeldung und kann anschließend nochmals versuchen, sich anzumelden. Wenn sich der Kunde bisher nicht registriert hat, kann er über den Button „Registrieren“ zur Eingabemaske der Registrierung gelangen und nun die Registrierung eines neuen Users vornehmen.

Abbildung 19: Prototyp - Login Formular

Eingabemaske der Registrierung
Mit Hilfe der Eingabemaske der Registrierung kann ein Kunde einen neuen User registrieren. Dazu muss der Kunde bei der ComboBox vom Unterpunkt „Rollenauswahl“ „Kunde“ auswählen und die Felder in den Unterpunkten „Benutzerdaten“, „Ansprechpartner“ und „Kundendaten“ ausfüllen. Bei dem Unterpunkt „Ansprechpartner“ kann der Kunde einen Standort des Spediteurs auswählen, der den Kunden betreuen soll. Oft wird hier der geofrafisch gesehen nächste Standort eine sinnvolle Wahl sein.

Das Aktiv-Flag bestimmt, ob der Benutzer im System aktiv verwendet wird. Standardmäßig ist hier „Ja“ ausgewählt. Wählt der Kunde hier „Nein“ aus, dann bedeutet das, dass der Benutzer inaktiv ist und nicht mehr für einen Login verwendet werden kann. Wenn der User in der Eingabemaske ganz unten den Abbruch-Button betätigt, wird kein User angelegt und der Kunde kommt wieder zum Login Formular. Wenn der User hingegen in der Eingabemaske ganz unten den Speichern-Button auswählt, dann wird der Kunde gleich automatisch mit den neu angelegten User angemeldet, vorrausgesetzt der Kunde hat alle Felder in der Eingabemaske der Registrierung befüllt. Die folgende Abbildung zeigt, wie die Eingabemaske für einen Kunden aussieht:

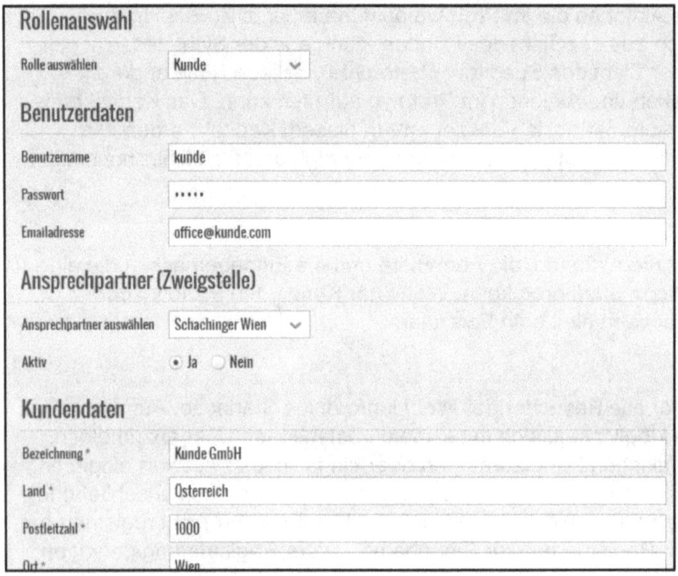

Abbildung 20: Prototyp – Ausschnitt aus der Eingabemaske der Registrierung für einen Kunden

Auftragsverwaltung

Wenn sich ein Kunde erfolgreich anmeldet hat, wird der Kunde zur Auftragsverwaltung weitergeleitet. Die rote Menüleiste ganz oben symbolisiert, dass der User aktuell mit der Rolle Kunde eingeloggt ist. In der Auftragsverwaltung ist der Kunde in der Lage, neue Aufträge zu erstellen, bestehende Aufträge zu ändern und bestehende Aufträge zu löschen.

Wenn der Kunde einen neuen Auftrag erstellen will, muss er den Button „Neuer Auftrag“ auswählen. Dann erscheint eine Eingabemaske für den Auftrag in einem neuen Dialog. Hier kann der Kunden alle notwendigen Informationen zum Auftrag ausfüllen. Wichtig ist dabei, dass alle Felder mit einem roten Stern neben den Feldnamen befüllt werden, denn diese Felder sind Pflichtfelder. Alle anderen Felder sind optional. Bei einen neuem Auftrag müssen generelle Informationen wie der Preis, die Zusatzkosten, das Gewicht, die benötigten Lademeter, Kubikmeter und Palettenstellplätze angegeben werden. Zusätzlich muss der Kunde im Unterpunkt „Lade- und Entladestelle“ den Absender, den Ladetermin, die Ladeanschrift (bestehend aus Land, Postleitzahl, Ort und Strasse), den Empfänger, den Entladetermin, die Entladeanschrift (bestehend aus Land, Postleitzahl,

Ort und Strasse) angegeben. Optional kann der Kunde noch Bezeichnungen, wie etwa die Rampennummer, und Notizen zur Lade- und zum Entladestelle angeben. Beim Unterpunkt „Umschlagpunkte“ kann der Kunde Zwischenziele definieren und beim Unterpunkt „Zusatzinfo“ kann der Kunde optional angeben, ob es ein Gefahrenguttransport ist, oder ob es ein Abholaviso oder ein Zustellaviso gibt. Beim Gefahrenguttransport ist standardmäßig „Nein“ ausgewählt. Wählt der Kunde ganz unten den „Abbruch“-Button aus, dann wird der Dialog geschlossen, die eingegebenen Daten werden verworfen und der Auftrag wird nicht angelegt. Wählt der Kunden hingegen den „Speichern“-Button im Dialog aus, dann wird der Dialog auch geschlossen, der Auftrag wird angelegt und ist in der Auftragttabelle der Auftragsverwaltung ersichtlich. Sobald ein Auftrag angelegt wurde, erhält er den Auftragsstatus „erfasst“.

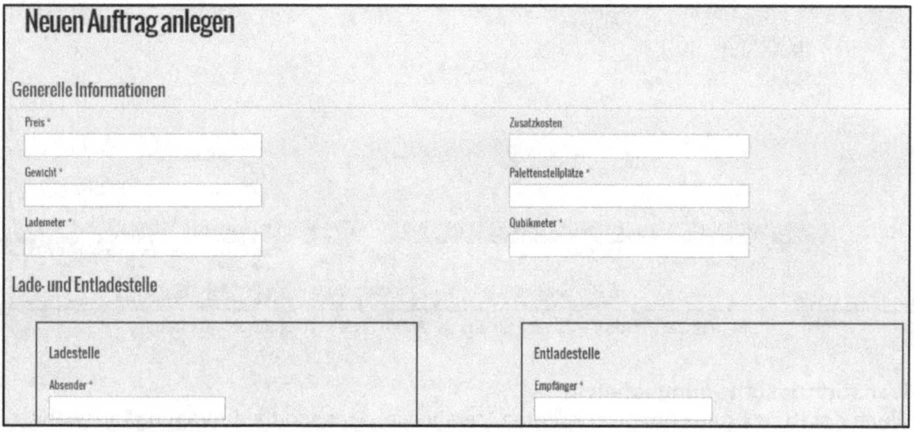

Abbildung 21: Prototyp – Ausschnitt aus dem Dialog um neuen Auftrag anzulegen

Sobald ein Kunde Aufträge angelegt hat, kann er Aufträge bearbeiten und löschen. Die Buttons für die beiden Aktionen sind in der Auftragstabelle enthalten. Wenn der Kunde den Button „Auftrag ändern“ auswählt, erscheint der gleiche Dialog mit der Eingabemaske für die Aufträge wie bei der Aktion „Neuer Auftrag“, nur mit dem Unterschied, dass nun die Werte vom Auftrag vor befüllt sind. Der Kunde kann die Werte ändern und die Änderungen mit dem Speichern-Button ganz unten übernehmen. Wenn der Kunde den Button „Auftrag löschen“ auswählt, wird der Auftrag sofort aus der Tabelle und aus dem System gelöscht.
In der Tabelle der Auftragsverwaltung sehen die Kunden ihre eigenen Aufträge. Die Tabelle zeigt die eindeutige Auftrags-ID, die Abholung, die aus den Absender, der Ladestellenanschrift und den Ladetermin besteht, die Zustellung, die aus den Empfänger, der Entladeanschrift und den Entladetermin besteht, die Lademeter, das Gewicht, einen „Auftrag ändern“ Button, einen „Auftrag löschen“ Button und den Auftragsstatus an. Oberhalb der Tabelle stehen dem Kunden Felder zur Verfügung, die ein Filtern der Tabelle erlauben. Auf diese Weise kann der Kunde die Aufträge nach Standort, Bezeichnung, Startzeitpunkt und Auftragsstatus filtern. Beim Feld „Bezeichnung“ kann man Schlagwörter eingeben, die in der Spalte „Abholung“ vorkommen müssen. Sobald in diesen Feldern ein Wert ausgewählt wird, wird die

Tabelle automatisch gefiltert. Außer beim Feld „Bezeichnung“, da muss zuerst ein anderes Feld ausgewählt werden, erst dann wird gefiltert. Um den Filter wieder zu entfernen, muss der Kunde den eingetragenen Wert löschen. Durch einen linken Mausklick auf den Header der Tabelle kann der Kunde die Werte der Tabelle aufsteigend sortieren. Mit einem erneuten Mausklick auf den Tabellenheader werden die Einträge der Spalte absteigend sortiert. Mittels Drag & Drop auf den Tabellenheadern kann der Kunde außerdem auch die Reihenfolge der Tabellenspalten verändern. Wenn der Kunde mit dem Mauscursor ganz rechts oben in die Tabelle navigiert, kann er außerdem mit dem Klick auf ein erscheinendes Zahnrad Tabellenspalten ein- und ausblenden:

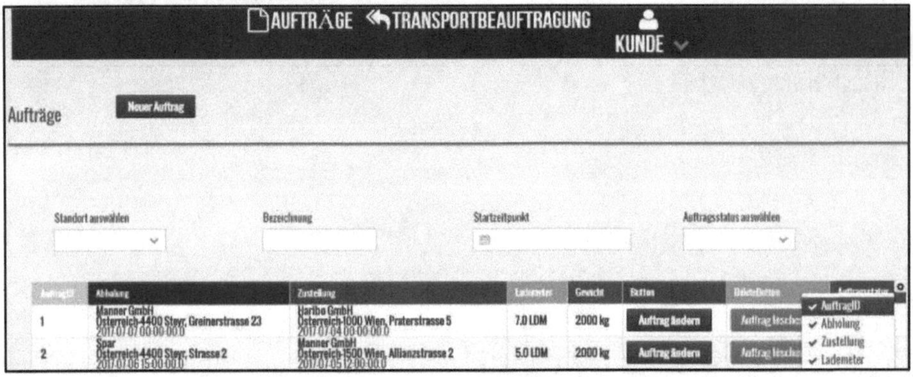

Abbildung 22: Prototyp – Ausschnitt aus der Auftragsverwaltung für den Kunden

Transportbeauftragungsansicht

Wenn der Kunde ganz oben in der roten Menüleiste „Transportbeauftragung“ auswählt, dann kann sich der Kunde alle Transportaufträge ansehen, die einen oder mehrere seiner Aufträge beinhalten. Die Ansicht beinhaltet eine Transportauftragstabelle, die ähnlich aufgebaut ist wie die Auftragstabelle. Allerdings kann der Kunde bei der Transportauftragsansicht keine Aktionen ausführen und somit keinen Einfluss auf Daten in der Tabelle nehmen. Die Tabelle zeigt die eindeutige Transportauftrag-ID, die eindeutige Auftrag-ID, die Abholung, die aus den Absender, der Ladestellenanschrift und den Ladetermin besteht, die Zustellung, die aus den Empfänger, der Entladeanschrift und den Entladetermin besteht, das gesamte Gewicht vom Transportauftrag, die gesamten Lademeter vom Transportauftrag, den Lieferschein, den Frachtbrief und den Status des Transportauftrages an. Wie bei der Auftragstabelle stehen dem Kunden oberhalb der Tabelle wieder Felder zur Verfügung, die ein Filtern der Tabelle erlauben. Auf diese Weise kann der Kunde die Aufträge nach Standort, Bezeichnung, Startzeitpunkt und Transportauftragsstatus filtern. Beim Feld „Bezeichnung“ kann man wieder Schlagwörter eingeben die in der Spalte „Abholung“ vorkommen müssen. Das Filtern, die Sortierung, die Neuanordnung der Tabellenspalten und das Ein- und Ausblenden von Tabellenspalten funktioniert genauso wie bei der Auftragstabelle und wurde bereits beim vorherigen Unterpunkt „Auftragsverwaltung“ erläutert.

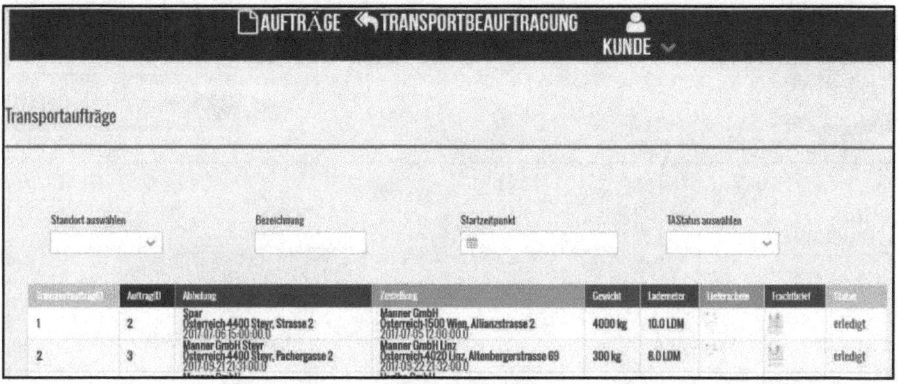

Abbildung 23: Prototyp – Ausschnitt aus der Transportbeauftragungsansicht für den Kunden

Eine Besonderheit an der Transportbeauftragungstabelle ist jedoch, dass der Kunde die Lieferscheine und Frachtbriefe einsehen kann, die ihn betreffen. Das funktioniert allerdings nur, wenn der Transportdienstleister die betreffenden Files bereits in der Webplattform gespeichert hat. Wenn das der Fall ist erscheint das File als Icon in der Tabellenspalte Lieferschein beziehungsweise Frachtbrief. Mit einem linken Mausklick auf das Icon kann der Kunde das File öffnen und den Lieferschein oder den Frachtbrief einsehen.

Profilverwaltung

Wählt der Kunde ganz oben in der roten Menüleiste das Usersymbol aus, dann erscheinen zwei weitere Einträge, die den User betreffen. Wenn der Kunde hier den Eintrag „Profil editieren" auswählt, erscheint eine Eingabemaske, die der Eingabemaske der Registrierung ähnelt, allerdings ohne Rollenauswahl. Ein weiterer Unterschied ist, dass nun die Werte vom Kunden bereits vor befüllt sind. Hier kann der Kunde sowohl seine Benutzerdaten, wie den Benutzername, das Passwort und die Emailadresse ändern, als auch den Ansprechpartner. Mit dem Aktiv-Flag im Unterpunkt „Ansprechpartner" kann der Kunde zudem seinen User inaktiv setzen, sodass er nicht länger verwendet werden kann. Beim Unterpunkt „Kundendaten" kann der Kunde die Daten zum Unternehmen anpassen. Auch hier gibt es ganz unten ein Aktiv-Flag, mit dessen Hilfe der Kunde die Kundendaten auf inaktiv setzen kann. Das hat zur Folge, dass die Aufträge und sämtliche anderen Daten vom Kunden im Prototyp nicht mehr aufscheinen.

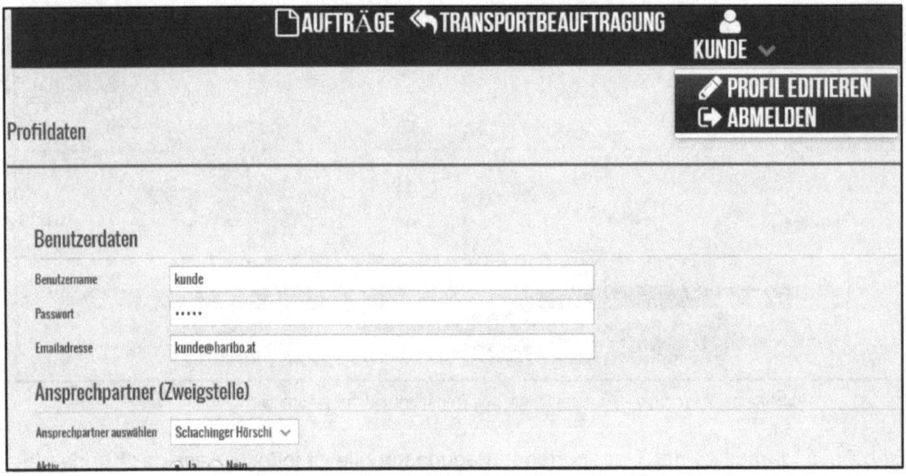

Abbildung 24: Prototyp – Ausschnitt aus der Profilverwaltung für den Kunden

Abmelden
Wird ganz oben in der roten Menüleiste das Usersymbol vom Kunden ausgewählt, dann erscheinen zwei weitere Einträge, die den User betreffen. Wenn der Kunde hier den Eintrag „Abmelden" auswählt, wird der aktuelle User abgemeldet und der Kunde wird zum Login Formular weitergeleitet.

Technische Umsetzung
Dieses Unterkapitel zeigt wie die Funktionen technisch umgesetzt wurden. Der Fokus liegt dabei vor allem auf den verwendeten SQL-Queries.
- User einloggen: Auf dem Login-Button hängt ein ClickListener, der, wenn er ausgelöst wird, den eingegebenen Benutzername und das Passwort an eine Login-Methode weitergibt. Die Methode prüft, ob es für den eingegebenen Benutzer einen Benutzer in der Datenbank gibt und returniert diesen, wenn es einen gibt. Dann wird das eingegebene Passwort mit dem hinterlegten Passwort vom Benutzer aus der Datenbank abgeglichen und bei einer Übereinstimmung wird die Startseite er jeweiligen Rolle angezeigt. Wenn der Benutzername oder das Passwort falsch ist wird eine Warnung ausgegeben, die den User über die falsche Dateneingabe informiert. Die nachfolgende Abbildung zeigt, wie der Benutzer aus der Datenbank gelesen wird.

```
public static Benutzer getAktBenutzer(String Pi_benutzerName)
{
    Benutzer F_benutzer = null;
    try
    {
        Class.forName("com.mysql.jdbc.Driver").newInstance();
        Connection con = DriverManager.getConnection(PrototypeUI.url,
                PrototypeUI.user, PrototypeUI.password);

        PreparedStatement ps;
        if(Pi_benutzerName != null && !Pi_benutzerName.isEmpty())
        {
            ps = con.prepareStatement("SELECT * FROM benutzer WHERE benutzername = ?");
            ps.setString(1, Pi_benutzerName);
            ResultSet res = ps.executeQuery();

            if (res.next())
            {
                F_benutzer = LoginForm.createBenutzer(res);
            }

            /**
             * Free all opened resources
             */
            res.close();
            ps.close();
        }

        con.close();
```

Abbildung 25: Datenbankzugriff und Benutzer aus der Datenbank lesen

Der Datenzugriff funktioniert im Prototyp immer auf die gleiche Weise, es wird zuerst eine Verbindung zur Datenbank mit Hilfe der URL, dem Datenbankuser und dem Passwort aufgebaut. Anschließend wird das Statement auf der Verbindung ausgeführt und das Ergebnis in einem ResultSet zurückgeliefert. Alle Datenbankbefehle werden serverseitig ausgeführt.

- <u>Neuen User erstellen:</u> Wenn der User die Eingabemaske der Registrierung öffnet, werden alle Rollen ermittelt und in der ComboBox der Rollenauswahl angezeigt (SQL-Query: `SELECT * FROM rolle`). Je nachdem welche Rolle der User auswählt, wird das Formular anders aufgebaut. Neben den Rollen, werden auch die aktiven Standorte vom Spediteur gelesen und in der ComboBox unter Ansprechpartner angezeigt (SQL-Query: `SELECT * FROM standort WHERE aktiv = 1`). Pflichtfelder sind mit Vaadin einfach zu definieren, indem bei den besagten Feldern einfach die Methode setRequired(true) aufrufen wird. Dieser Methodenaufruf zeigt zum einen Pflichtfelder optisch an, durch einen kleinen roten Stern nach dem Feldnamen und zum anderen werden die Felder automatisch auf einen Inhalt geprüft. Auch die Pflichtfelder wurden im gesamten Prototyp gleich definiert, allerdings wurden für bestimmte Felder noch strengere Regeln fü den eingegebenen Wert definiert, aber dazu später mehr. Sobald der Kunde seine Daten eingegeben hat, wird der Kunde gespeichert. Alle Objekte die im Prototyp erstellt und bearbeitet werden können, verfügen meist nur über eine Methode die sowohl das Einfügen als auch das Bearbeiten der Objektdaten übernimmt. Die folgende Abbildung zeigt wie diese Methode im Fall des Kunden aufgebaut ist und welche SQL-Queries verwendet werden:

```java
public static Kunde saveKunde(Kunde P_kunde)
{
    Kunde F_kunde = P_kunde;
    boolean Fb_newKunde = false;
    try
    {
        Class.forName("com.mysql.jdbc.Driver").newInstance();
        Connection con = DriverManager.getConnection(PrototypeUI.url,
            PrototypeUI.user, PrototypeUI.password);

        PreparedStatement ps = null;
        if(P_kunde.getKundeID() != 0)
        {
            ps = con.prepareStatement(
                    "UPDATE kunde SET bezeichnung = ?, land = ?, plz = ?, "
                    + "ort = ?, strasse = ?, bemerkungen = ?, aktiv = ?, standort_standortid = ? "
                    + "WHERE kundeid = ?");
        }
        else
        {
            Fb_newKunde = true;
            ps = con.prepareStatement(
                    "INSERT INTO kunde (bezeichnung, land, plz, ort, "
                    + "strasse, bemerkungen, aktiv, standort_standortid) VALUES (?,?,?,?,?,?,?,?)",
                    Statement.RETURN_GENERATED_KEYS);
        }


        // set the preparedstatement parameters
        ps.setString(1, P_kunde.getBezeichnung());
        ps.setString(2, P_kunde.getLand());
        ps.setString(3, P_kunde.getPlz());
        ps.setString(4, P_kunde.getOrt());
        ps.setString(5, P_kunde.getStrasse());
        ps.setString(6, P_kunde.getBemerkungen());
        ps.setBoolean(7, P_kunde.isAktiv());
```

Abbildung 26: Neuen Kunden einfügen und bestehenden Kunde bearbeiten

Nachdem der Kunde erfolgreich gespeichert wurde, werden beim neuen Benutzer die Kunden-ID und die Rolle „Kunde" hinterlegt und der Benutzer ebenfalls gespeichert (SQL-Query: `INSERT INTO benutzer (passwort, email, aktiv, rolle_rolleid, kundeoderfraechterid, standort_standortid, benutzername) VALUES (?,?,?,?,?,?,?)`). Anschließend wird der Kunde wieder zu seinen Aufträgen weitergeleitet.

- <u>Kundendaten ändern:</u> Wenn der Kunde sein Profil verändert, dann werden wie bei der Registrierung auch wieder alle Standorte und Rollen gelesen und die bisherigen Werte in den Felder eingetragen. Ermittelt wird der Kunde über die folgende SQL-Query: `SELECT * FROM kunde where kundeid = ?`. Auch in diesem Formular werden zuerst wieder der Kunde (SQL-Statement siehe vorherige Abbildung) und dann der Benutzer gespeichert (SQL-Query: `INSERT INTO benutzer (passwort, email, aktiv, rolle_rolleid, kundeoderfraechterid, standort_standortid, benutzername) VALUES (?,?,?,?,?,?,?)`). Zusätzlich wird aber hier noch geprüft ob sich der Benutzername geändert hat, wenn das nämlich der Fall ist wurde ein neuer Benutzer angelegt und der alte Benutzer muss demzufolge gelöscht werden (SQL-Query: `DELETE FROM benutzer WHERE benutzername = ?`).

- <u>Aufträge anzeigen:</u> Die Aufträge die den Kunden betreffen werden über das folgende SQL-Statement gelesen und in der Tabelle angezeigt: `SELECT * FROM auftrag WHERE kunde_kundeid = ?`

- <u>Aufträge anlegen:</u> Beim Anlegen vom Auftrag wird zuerst der neue Auftrag mit Hilfe der SQL-Query: `INSERT INTO auftrag (zusatzkosten, entladetermin, ladetermin,` ladestellestrasse2, empfaenger, ladestelleland, ladestelleplz, ladestellestrasse, ladestelleort, preis, anlieferstelleland, anlieferstellestrasse2, anlieferstelleplz, anlieferstellestrasse, anlieferstelleort, gewicht, gefahrengut, palettenstellplaetze, ladestellenotizen, lademeter, anlieferstellenotizen, qubikmeter, abholaviso, zustellaviso, absender, kunde_kundeID, AUFTRAGSTATUS_AUFTRAGSTATUSID, lieferscheinFile) VALUES (?,?) gespeichert. Anschließend werden die AuftragDispositionen (SQL-Query: `INSERT INTO AUFTRAGDISPOSITION (AUFTRAG_AUFTRAGID, RELATION_BEZEICHNUNG, STANDORT_STANDORTID) VALUES (?,?,?)`) und die Lademittelzuordnung (SQL-Query: `INSERT INTO lademittelzuordnung (BEZEICHNUNG, ANZAHL, AUFTRAG_AUFTRAGID, LADEMITTEL_LADEMITTELID) VALUES (?,?,?,?)`) zum Auftrag gespeichert.

- <u>Aufträge editieren:</u> Beim Editieren wird zuerst der bestehende Auftrag mit den neuen Daten gespeichert (SQL-Query: `UPDATE auftrag SET zusatzkosten = ?, entladetermin = ?, ladetermin = ?, ladestellestrasse2 = ?, empfaenger = ?, ladestelleland = ?, ladestelleplz = ?, ladestellestrasse = ?, ladestelleort = ?, preis = ?, anlieferstelleland = ?, anlieferstellestrasse2 = ?, anlieferstelleplz = ?, anlieferstellestrasse = ?, anlieferstelleort = ?, gewicht = ?, gefahrengut = ?, palettenstellplaetze = ?, ladestellenotizen = ?, lademeter = ?, anlieferstellenotizen = ?, qubikmeter = ?, abholaviso = ?, zustellaviso = ?, absender = ?, kunde_kundeID = ?, AUFTRAGSTATUS_AUFTRAGSTATUSID = ?, lieferscheinFile = ?, bewertung_bewertungid = ? WHERE auftragid = ?`). Anschließend wird geprüft ob es für die Startadresse bereits eine Relation gibt (SQL-Statement: `SELECT * FROM relation where land = ? AND plz = ? AND ORT = ? AND strasse = ?`), wenn nicht wird automatisch eine neue Relation angelegt (SQL-Query: `INSERT INTO relation (bezeichnung, auftragdispo, aktiv, land, plz, ort, standort_standortid, strasse) VALUES (?,?,?,?,?,?,?,?)`). Bevor neue AuftragDispositionen angelegt werden (SQL-Query: siehe Auftrag anlegen), werden die alten AuftragDispositionen gelöscht (SQL-Query: `DELETE FROM AUFTRAGDISPOSITION WHERE AUFTRAG_AUFTRAGID = ?`). Ähnlich verhält es sich bei der Lademittelzuordnung. Auch hier wird zuerst die alte Lademittelzuordnung gelöscht (SQL-Query: `DELETE FROM lademittelzuordnung WHERE AUFTRAG_AUFTRAGID = ?`) und dann wird die neue Lademittelzuordnung angelegt (SQL-Statement: siehe Auftrag anlegen). Die referenzielle Integrität wird beim Bearbeiten eines Auftrages also über den Code gewährleistet.
- <u>Aufträge löschen:</u> Beim Löschen eines Auftrages kann einfach nur der Auftrag gelöscht werden (SQL-Query: `DELETE FROM auftrag WHERE auftragid = ?`). Da beim Erstellen der Datenbankstruktur angegeben wurde, dass beim Löschen eines Auftrages die dazugehörige Lademittelzuordnung, die Bewertung und die AuftragDispositionen mitgelöscht werden sollen (durch die Angabe der Referenzaktion ON DELETE CASCADE bei der FOREIGN KEY-Anweisung), ist hier nichts weiter zu machen. In diesem Fall sorgt die Referenzaktion für die referenzielle Integrität.
- <u>Transportauftrag abfragen:</u> Das Ermitteln der Transportaufträge für einen bestimmten Kunden ist etwas komplexer, weil die Datenbanktabellen Kunde, Auftrag, AuftragDisposition, AuftragTourZuordnung, Tour und Transportauftrag jeweils mit einem JOIN verbunden werden müssen (SQL-Query: `SELECT Kunde.*, Auftrag.*, AuftragDisposition.*, AuftragTourZuordnung.*, Tour.*, Transportauftrag.* FROM Kunde JOIN Auftrag ON Auftrag.KUNDE_KUNDEID = Kunde.KUNDEID JOIN AuftragDisposition ON AuftragDisposition.AUFTRAG_AUFTRAGID = Auftrag.AUFTRAGID JOIN AuftragTourZuordnung ON AuftragTourZuordnung.AUFTRAGID = Auftrag.AUFTRAGID JOIN Tour ON Tour.REFERENZ = AuftragTourZuordnung.TOUR_REFERENZ JOIN Transportauftrag ON`

```
Transportauftrag.TRANSPORTAUFTRAGID = Tour.TRANSPORTAUFTRAG_TRANSPORTAUFTRAGID WHERE
Kunde.KUNDEID=? GROUP BY Transportauftrag.TRANSPORTAUFTRAGID).
```

4.4.2. Frächtersicht

Die Aktionen, die Formulare und die Eingabemasken die ein Frächter auf der Webplattform ausführen kann, werden in diesem Kapitel erläutert. Auch beim Frächter ist die Startseite das Login Formular. Da sich das Login Formular weder optisch noch funktionell von dem des Kunden unterscheidet, wird die Beschreibung des Formulars übersprungen, da es bereits im Kapitel 4.4.1 im Unterpunkt „Login Formular" ausführlich beschrieben wurde.

Eingabemaske der Registrierung
Wählt der Frächter im Login Formular den Button „Registrieren" aus, wird der Frächter zur Eingabemaske der Registrierung weitergeleitet. Hier hat der Frächter die Möglichkeit einen neuen User anzulegen. Dazu muss der Frächter in der ComboBox vom Unterpunkt „Rollenauswahl" „Frächter" auswählen und die Felder in den Unterpunkten „Benutzerdaten", „Ansprechpartner", „Transportdienstleisterdaten" und „Ladestellen" ausfüllen. Bei den Benutzerdaten kann der Frächter einen Benutzernamen und ein Passwort wählen. Zusätzlich ist noch die Emailadresse anzugeben. Beim Unterpunkt „Ansprechpartner" kann der Frächter einen Standort des Spediteurs auswählen, der ihn betreuen soll. Meistens wird hier der geografisch gesehen nächste Standort die logische Wahl sein. Das Aktiv-Flag gibt an, ob der Benutzer im System genutzt werden kann oder nicht. Defaultmäßig ist hier „Ja" ausgewählt. Zu einen späteren Zeitpunkt kann der Frächter mit diesem Flag seinen Benutzer inaktiv setzen, somit ist kein Login mit diesem Benutzer mehr möglich. Im Unterpunkt „Transportdienstleisterdaten" gibt der Frächter Daten vom Unternehmen preis. Felder, die nach der Feldbezeichnung einen roten Stern haben, sind Pflichtfelder und müssen befüllt werden. Beim Unterpunkt „Ladestellen" gibt der Frächter an, welche Ladestellen er anfährt und welche nicht. Angezeigt werden hier alle Ladestellen und Zwischenziele, die bereits auf der Webplattform angelegt wurden. Da das unter Umständen viele Ladestellen sein können, gibt es hier zwei Buttons, die den Frächter bei der Auswahl unterstützen sollen. Der Button „Alle Ladestellen auswählen", wählt, wie der Name schon vermuten lässt, alle bestehenden Ladestellen aus. Der Frächter kann dann punktuell Ladestellen wieder deselektieren. Der zweite Button „Alle Ladestellen deselktieren" deselektiert alle Ladestellen wieder. Wählt der Frächter ganz unten in der Eingabemaske der Registrierung den Abbruch-Button aus, dann werden die eingegebenen Daten verworfen und es wird kein User angelegt. Der Frächter wird anschließend zum Login Formular weitergeleitet. Wählt der Frächter hingegen den Speichern-Button aus, wird der Benutzer angelegt und der Frächter wird automatisch angemeldet, vorrausgesetzt alle Pflichtfelder wurden befüllt.

Transportbeauftragungsverwaltung
Nachdem sich der Frächter erfolgreich angemeldet hat, wird er zur Transportbeauftragungsverwaltung weitergeleitet. Die grüne Menüleiste ganz oben zeigt an, dass der User aktuell mit der Rolle Frächter eingeloggt ist. In der Transportauftragsverwaltung sieht der Frächter in der Transportbeauftragungstabelle welche Transportaufträge ihm zugewiesen sind. In der Tabelle ist die eindeutige Transportauftrag-ID, die eindeutige Auftrag-ID, die Abholung, die aus den Absender, der

Ladestellenanschrift und den Ladetermin besteht, die Zustellung, die aus den Empfänger, der Entladeanschrift und den Entladetermin besteht, das gesamte Gewicht vom Transportauftrag, die gesamten Lademeter vom Transportauftrag, ein „Transportauftrag bearbeiten" Button, der Lieferschein, der Frachtbrief und den Status des Transportauftrages ersichtlich. Auch der Frächter kann, wie der Kunde, die Transportaufträge mit den Feldern oberhalb der Tabelle filtern. Somit kann der Frächter die Transportaufträge nach Standort, Bezeichnung, Startzeitpunkt und Transportauftragsstatus filtern. Beim Feld „Bezeichnung" kann man nach Schlagwörtern suchen, die in der Tabellenspalte „Abholung" vorkommen. Das Filtern, die Sortierung, die Neuanordnung der Tabellenspalten und das Ein- und Ausblenden von Tabellenspalten funktioniert genauso wie bei der Auftragstabelle und wurde bereits im Kapitel 4.4.1 im Unterpunkt „Auftragsverwaltung" erklärt. Wie der Kunde, kann auch der Frächter in dieser Tabelle die bereits hochgeladenen Lieferscheine und Frachtbriefe einsehen. Dazu muss der Frächter nur mit einem linken Mausklick auf das Icon in der Tabellenspalte Lieferschein beziehungsweise Frachtbrief klicken. Wenn in diesen Spalten kein Icon ersichtlich ist, wurde noch kein File hochgeladen.

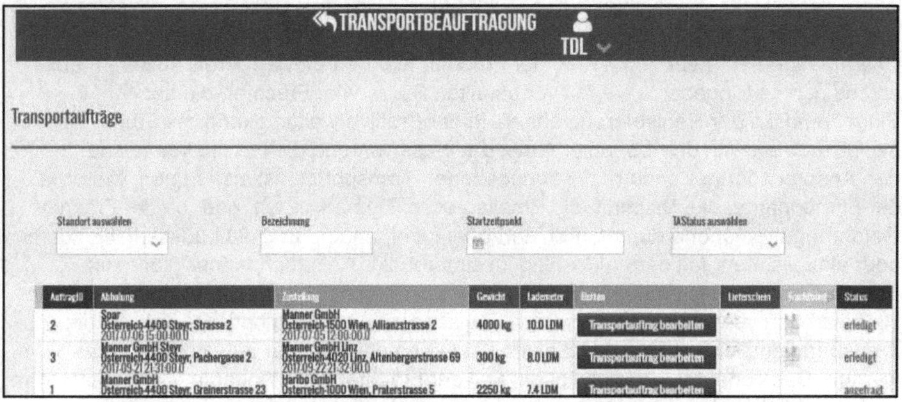

Abbildung 27: Prototyp – Ausschnitt aus der Transportbeauftragungsverwaltung für den Frächter

Wählt der Frächter den Button „Transportauftrag bearbeiten" aus, dann wird ein neuer Dialog geöffnet, der es dem Frächter erlaubt einen Frachtbrief und einen Lieferschein hochzuladen oder zu ändern. Wenn bereits ein File hochgeladen wurde, dann ist das File ersichtlich und kann mittels eines linken Mausklicks maximiert und betrachtet werden. Außerdem kann der Frächter beim Unterpunkt „Status vom Transportauftrag setzen" den Status des Transportauftrages ändern und so Transportaufträge annehmen, stornieren, zurückweisen oder erledigen. Wenn der Frächter einen Transportauftrag erledigt, muss er angeben, wann die Ware zugestellt wurde und ob die Ware in Ordnung ist. Wenn das nicht der Fall ist, muss angegeben werden was nicht in Ordnung ist. Das kann zum Beispiel sein, dass ein Teil der Ware beim Transport beschädigt wurde, oder dass ein Teil der Ware verschwunden ist. Außerdem kann der Frächter auch eventuell auftretende Probleme im Dialog dokumentieren. Im Unterpunkt „Generelle Informationen" muss der Frächter angeben, wann die Ware abgeholt wurde.

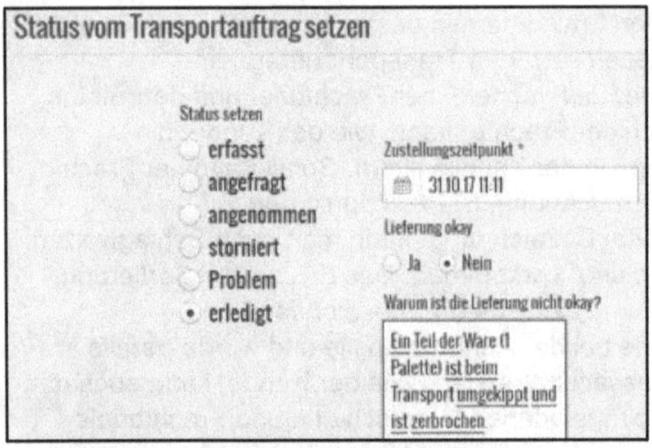

Abbildung 28: Ausschnitt aus dem „Transportauftrag bearbeiten" Dialog für den Frächter

Profilverwaltung

Wenn der Frächter ganz oben in der grünen Menüleiste das Usersymbol mit seinen Benutzernamen auswählt, dann erscheinen zwei weitere Einträge, die das Usermanagement betreffen. Wählt der Frächter hier den Eintrag „Profil editieren" aus, erscheint eine Eingabemaske mit vor befüllten Daten vom Frächter, die der Eingabemaske der Registrierung ähnelt. In der Profilverwaltung kann der Frächter Benutzerdaten, wie den Benutzername, das Passwort und die Emailadresse ändern, den Ansprechpartner ändern, die angegebenen Transportdienstleisterdaten, wie etwa der Firmenname, die Anschrift, die Emailadresse, Bemerkungen, oder ob der Frächter Gefahrenguttransporte durchführen darf oder nicht, ändern und die Ladestellen ändern oder aktualisieren. Mit dem Aktiv-Flag im Unterpunkt „Ansprechpartner" kann der Frächter seinen User inaktiv setzen, sodass dieser nicht länger zum Anmelden auf der Webplattform verwendet werden kann. Ein weiteres Aktiv-Flag befindet sich bei den Transportdienstleisterdaten. Mit diesem Flag kann der Frächter auf inaktiv gesetzt werden. Das bedeutet, dass in diesem Fall der Frächter nicht länger in der Webplattform berücksichtigt wird, bei der Vergabe von Transportaufträgen und auch alle anderen Daten vom Frächter in der Webplattform nicht mehr berücksichtigt werden.

Abmelden

Wenn sich der Frächter abmelden möchte, muss der einfach ganz oben in der grünen Menüleiste das Usersymbol auswählen, dann erscheinen zwei weitere Einträge, die das Usermanagement betreffen. Wenn der Frächter hier den Eintrag „Abmelden" auswählt, wird der aktuelle User abgemeldet und der Frächter wird zum Login Formular weitergeleitet.

Technische Umsetzung

Der folgende Textabschnitt beschreibt wie die Funktionen technisch umgesetzt wurden. Vor allem die verwendeten SQL-Queries stehen im Fokus der Beschreibungen.
- User einloggen: Die Funktion nutzt den selben Code und dieselben SQL-Queries wie die Rolle Kunde.
- Neuen User erstellen: Auch hier ähnelt die Funktion stark jener vom Kunden. Ein Unterschied ist aber, dass bei der Auswahl der Rolle Frächter zusätzlich noch alle

aktiven Relationen von der Datenbank gelesen werden (SQL-Query: `SELECT * FROM relation WHERE aktiv = 1`). Die Relationen müssen ausgelesen, damit der Frächter angeben kann welche Adressen er anfährt. Ein weiterer Unterschied zur Funktion vom Kunden, offenbart sich beim Speichern. Hier wird zuerst der Transportdienstleister gespeichert (SQL-Query: `INSERT INTO transportdienstleister (firmenname, gefahrenguttransport, bemerkungen, land, plz, stadt, adresse, aktiv, email) VALUES (?,?,?,?,?,?,?,?,?)`), dann werden die ausgewählten Relationen in den RelationZuordnungen gespeichert (SQL-Query: `INSERT INTO relationzuordnung (relation_bezeichnung, transportdienstleister_2_rel) VALUES (?,?)`) und abschließend wird wie beim Kunden der Benutzer gespeichert (SQL-Statement siehe Kundensicht).

- <u>Transportdienstleisterdaten ändern:</u> Wenn der Frächter seine Daten ändern will, dann werden beim Aufruf vom Edit Profile Formular wie beim Kunden alle Standorte und Rollen geladen (SQL-Queries siehe Kundensicht unter technische Umsetzung und „Kundendaten ändern"). Zusätzliche werden noch alle Relationen ermittelt (SQL-Query siehe „Neuen User erstellen") und die Daten zum Transportdienstleister, die im Formular angezeigt werden sollen (SQL-Query: `SELECT * FROM transportdienstleister where transportdienstleisterid = ?`). Wenn der User die Äderungen speichert, wird zuerst der Transportdienstleister gespeichert (SQL-Statement: `UPDATE transportdienstleister SET firmenname = ?, gefahrenguttransport = ?, bemerkungen = ?, land = ?, plz = ?, stadt = ?, adresse = ?, aktiv = ?, email = ? WHERE transportdienstleisterid = ?`), dann werden die bisher bestehenden RelationZuordnungen gelöscht (SQL-Query: `DELETE FROM relationzuordnung WHERE transportdienstleister_2_rel = ?`) und die neuen RelationZuordnungen angelegt (SQL-Query siehe neuen User erstellen). Das Speichern vom Benutzer und das Löschen vom alten Benutzer, falls sich der Benutzername geändert hat ist wieder ident wie beim Kunden.
- <u>Transportauftrag abfragen:</u> Die Transportaufträge vom Frächter werden über das folgende SQL-Statement ermittelt: `SELECT * FROM transportauftrag WHERE transportdienstleister_2_trans = ?`.
- <u>Status vom Transportauftrag ändern:</u> Wenn der Status und die dazugehörigen Felder verändert wurden und der Frächter den Speichern-Button klickt, dann wird zuerst der Transportauftrag gespeichert (SQL-Query: `UPDATE transportauftrag SET ABGEHOLT = ?, ZUGESTELLT = ?, PROBLEM = ?, FRACHTBRIEFFILE = ?, LKWTYP_LKWTYPID = ?, TRANSPORTDIENSTLEISTER_2_TRANS = ?, TASTATUS_TASTATUSID = ?, LIEFERUNGOKAY = ?, LIEFERUNGNICHTOKAY = ? WHERE TRANSPORTAUFTRAGID = ?`). Wenn der Frächter den Transportauftrag auf „erledigt" gesetzt hat dann werden zusätzlich noch neue Systembewertungen pro Auftrag angelegt (SQL-Query: `INSERT INTO bewertung (punkte, anmerkung, datum, bewerter)VALUES (?,?,?,?)`), dann muss beim dazugehörige Auftrag die neue Systembewertung-ID hinterlegt werden und der Auftrag gespeichert werden (SQL-Query siehe Kundensicht unter technische Umsetzung und „Aufträge editieren"). Abschließend werden die alten Systembewertungen, falls es welche gibt, gelöscht (SQL-Query: `DELETE FROM bewertung WHERE bewertungid = ?`). Die referenzielle Integrität wird in diesem Fall durch den Code gewährleistet.
- <u>Lieferschein speichern:</u> Wenn ein neuer Lieferschein ausgewählt wird und gespeichert werden soll, dann muss einfach nur der Auftrag gespeichert werden (SQL-Query siehe Kundensicht unter technische Umsetzung und „Aufträge editieren").
- <u>Frachtbrief speichern:</u> Wenn ein neuer Frachtbrief ausgewählt wird und gespeichert werden soll, dann wird der Transportauftrag gespeichert (SQL-Query siehe Status vom Transportauftrag ändern).

4.4.3. Spediteursicht

Nachfolgend wird beschrieben, welche Aktionen, Eingabemasken und Formulare dem Spediteur auf der Webplattform zur Verfügung stehen. Sobald ein Mitarbeiter des

Spediteurs den Prototyp der Webplattform aufruft, wird das Login Formular angezeigt. Da sich das Login Formular weder optisch noch funktionell von dem des Kunden und dem des Frächters unterscheidet wird die Beschreibung des Formulars übersprungen, da es bereits im Kapitel 4.4.1 im Unterpunkt „Login Formular“ ausführlich beschrieben wurde.

Eingabemaske der Registrierung

Wenn der Spediteur einen neuen User anlegen will, muss er im Login Formular den Button „Registrieren“ auswählen. Sobald der Button ausgewählt wurde, wird der Spediteur zur Eingabemaske der Registrierung weitergeleitet. Mit Hilfe dieser Eingabemaske kann der Spediteur nun einen neuen User anlegen, indem er einfach die Felder der Eingabemaske befüllt.

Die Eingabemaske ist in drei Unterpunkte gegliedert. Der erste Unterpunkt betrifft die Rollenauswahl, hier sollte der Spediteur den Eintrag „Mitarbeiter der Firma Schachinger Logistik Holding GmbH“ auswählen. Beim zweiten Unterpunkt „Benutzerdaten“ kann der Spediteur einen Benutzernamen und ein Passwort eingeben. Zusätzlich kann der Spediteur noch seine Emailadresse angeben. Der letzte Unterpunkt „Ansprechpartner (Zweigstelle)“ umfasst eine Ansprechpartnerauswahl und ein Aktiv-Flag. Mit der Ansprechpartnerauswahl kann der Spediteur angegeben, für welchen Standort der aktuelle User tätig ist. Das Aktiv-Flag, das standardmäßig „Ja“ ausgewählt hat, gibt an, ob der Benutzer im System genutzt werden kann oder nicht. Zu einen späteren Zeitpunkt kann der Spediteur mit diesem Flag seinen Benutzer inaktiv setzen, sodass kein Login mit diesem Benutzer mehr möglich ist.

Auftragsverwaltung

Nachdem sich der Spediteur erfolgreich angemeldet hat, wird er automatisch zur Auftragsverwaltung weitergeleitet. Die blaue Menüleiste ganz oben symbolisiert, dass der User aktuell mit der Rolle Spediteur eingeloggt ist. Die Auftragsverwaltung kann der Spediteur dazu verwenden, um neue Kundenaufträge anzulegen, bestehende Aufträge zu bearbeiten oder um bestehende Aufträge zu löschen. Der Spediteur sieht in der Auftragstabelle alle Kundenaufträge die es im System gibt. Pro Auftrag wird in der Tabelle die eindeutige Auftrags-ID, die Abholung, die aus den Absender, der Ladestellenanschrift und den Ladetermin besteht, die Zustellung, die aus den Empfänger, der Entladeanschrift und den Entladetermin besteht, die Lademeter, das Gewicht, einen „Auftrag ändern“ Button, einen „Auftrag löschen“ Button und den Auftragsstatus angezeigt. Die Tabelleneinträge lassen sich, wie bereits im Kapitel 4.4.1 im Unterpunkt „Auftragsverwaltung“ beschrieben, sortieren und die Tabellenspalten lassen sich neu anordnen und ein- beziehungsweise ausblenden. Da es unter Umständen viele Aufträge sein können, die in der Auftragstabelle angezeigt werden, stehen dem Spediteur, sowie dem auch Kunden, oberhalb der Tabelle stehen Felder zur Verfügung, die das Filtern von Tabelleneinträgen erlauben. Der Spediteur ist somit in der Lage, die Aufträge nach Standort, Bezeichnung, Startzeitpunkt und Auftragsstatus zu filtern. Wenn man im Feld „Bezeichnung“ Wörter eingibt, dann wird in der Tabellenspalte „Abholung“ nach Übereinstimmungen gesucht, und alle Tabelleneinträge angezeigt, die mindestens eine Übereinstimmung besitzen. Löscht man die Werte aus den Filterfeldern wieder raus, wird der Filter wieder entfernt.

Abbildung 29: Ausschnitt aus der Auftragsverwaltung des Spediteurs

Der Spediteur kann über den Button „Neuer Auftrag" einen neuen Auftrag für einen beliebigen Kunden anlegen. Sobald der Button gedrückt wird, geht ein neuer Dialog auf, der das Anlegen eines neuen Auftrages ermöglicht. Der Dialog ist beinahe ident zu dem bereits beschriebenen Dialog zur Anlage eines Auftrages vom Kunden im Kapitel 4.4.1 im Unterpunkt Auftragsverwaltung. Der einzige Unterschied ist, dass der Spediteur zusätzlich noch über einen weiteren Unterpunkt „Kunden zuweisen" ganz unten im Dialog verfügt. In diesem Unterpunkt kann der Spediteur einen Kunden mit Hilfe einer ComboBox auswählen, für den er den Auftrag erstellen möchte. Der Dialog, der geöffnet wird, wenn der Spediteur den Button „Auftrag ändern" auswählt, gleicht dem Dialog aus der Beschreibung vom Kunden im Kapitel 4.4.1 im Unterpunkt Auftragsverwaltung. Auch hier ist der einzige Unterschied der Unterpunkt „Kunde zuweisen", der dem Spediteur zusätzlich zur Verfügung steht und die Auswahl eines Kunden erlaubt. Wählt der Spediteur den Button „Auftrag löschen" bei einen Tabelleneintrag aus, dann wird der Auftrag sofort vom System gelöscht und aus der Auftragstabelle entfernt.

Disposition

Die Disposition erlaubt es dem Spediteur, neue Touren zu erstellen und zu planen. Sie kann erreicht werden, indem ganz oben in der blauen Menüleiste der Eintrag „Disposition" ausgewählt wird. Auf der linken Seite kann der Mitarbeiter des Spediteurs einen Standort über eine ComboBox auswählen. In der Tabelle darunter werden anschließend alle Aufträge des Standortes angezeigt, die noch keiner Tour zugewiesen sind. Zu beachten gilt hier, dass Aufträge, wenn sie Zwischenziele definiert haben, mehrfach in der Tabelle aufscheinen. Das ist notwendig, weil es bei einem Auftrag, der Zwischenziele hat, durchaus möglich, dass nicht der gesamte Auftrag mit derselben Tour abgewickelt wird. Es kann durchaus sein, dass die weitere Auslieferung der Ware ab einem Zwischenziel eine andere Tour übernimmt, weil es effizienter ist. Ein Beispiel wäre ein Auftrag A, der Waren von Steyr nach Wien liefern soll über Zwischenziele in Linz und Wels, weil hier ein Teil der Waren ausgeladen wird. Ein weiterer Auftrag B soll Waren von Linz nach Wien transportieren. In diesem Fall würde es sich anbieten, eine Tour zu planen, die alle Waren von Auftrag A zum Zwischenziel in Linz bringt und anschließend alle Waren die für Wels bestimmt sind nach Wels transportiert. Eine andere Tour kann in der Zwischenzeit die Waren von den Aufträgen A, die für Wien bestimmt sind, und B gemeinsam nach Wien bringen.

Auf der rechten Seite sind die Touren ersichtlich. Über den Button „Tour hinzufügen" kann man neue Touren erstellen und ihnen Aufträge aus der linken Tabelle mittels Drag & Drop zuweisen. Man kann auch Aufträge aus einer Tourentabelle in eine andere Tourentabelle verschieben mittels Drag & Drop. Zu beachten gilt hier nur, dass der Eintrag der verschoben werden soll zuerst mit einem linken Mausklick selektiert werden muss. Sobald ein Auftrag zu einer Tour gezogen wird speichert der Prototyp die Zuweisung automatisch und der Auftrag erhält den Auftragsstatus „disponiert". Unterhalb jeder Tourentabelle steht eine Zusammenfassung der Tour, die den Tourname, die Anzahl der Sendungen, die Summe des Gewichtes, die Summe der Paletten und die Summe der Lademeter beinhaltet. Über den Button „Tour löschen" können Touren auch wieder gelöscht werden und mit dem Button „Tour hinzufügen" können weitere neue Touren erstellt werden. Wenn eine Tour gelöscht wird, sind die Aufträge der gelöschten Tour sofort wieder links bei den Aufträgen ersichtlich und erhalten wieder den Auftragsstatus „erfasst". Alle Tabellen in der Disposition sind gleich aufgebaut und zeigen die eindeutige Auftrags-ID, die Relation, die Zustellung, die aus den Empfänger, der Entladeanschrift und den Entladetermin besteht, und die Palettenstellplätze an. Die Relation gibt die erste Ladestelle und Zwischenziele an.

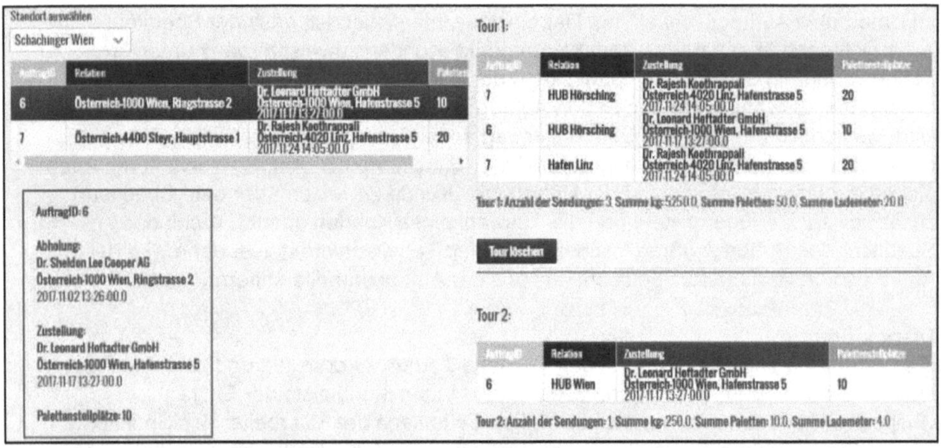

Abbildung 30: Prototyp – Ausschnitt aus der Disposition

Transportbeauftragungsverwaltung

Der Spediteur kann die Transportbeauftragungsverwaltung erreichen, indem er ganz oben in der blauen Menüleiste den Eintrag „Transportbeauftragung" auswählt. In der Transportauftragsverwaltung kann der Spediteur einen Frächter für eine Tour auswählen, Transportaufträge stornieren und Bewertungen von Aufträgen anpassen. In der Transportauftragstabelle des Spediteurs werden alle Touren und deren Aufträge abgebildet, die im System existieren. Die Tabelle besteht aus die eindeutige Transportauftrag-ID, die eindeutige Auftrag-ID, die Abholung, die aus den Absender, der Ladestellenanschrift und den Ladetermin besteht, die Zustellung, die aus den Empfänger, der Entladeanschrift und den Entladetermin besteht, das gesamte Gewicht vom Transportauftrag, die gesamten Lademeter vom Transportauftrag, den Lieferschein,

den Frachtbrief und den Status des Transportauftrages. Auch in dieser Tabelle kann der Spediteur die Tabelleneinträge wieder sortieren und die Tabellenspalten ein- beziehungsweise ausblenden und neu anordnen, wie bereits im Kapitel 4.4.1 im Unterpunkt „Auftragsverwaltung“ beschrieben wurde. Da die Tabelle des Spediteurs sehr viele Einträge umfassen kann, gibt es auch hier wieder die Möglichkeit die Tabelleneinträge zu filtern. Oberhalb der Tabelle stehen Felder zur Verfügung, die das Filtern nach Standort, Bezeichnung, Startzeitpunkt und Transportstatus erlauben. Wörter, die in das Feld „Bezeichnung“ eingegeben werden, suchen nach Übereinstimmungen in der Tabellenspalte „Abholung“. Sobald die Werte aus den Feldern wieder entfernt werden, wird der Filter wieder zurückgesetzt.
Durch die Selektion eines Eintrages in der Transportauftragstabelle und der Auswahl des Buttons „Transportdienstleisterauswahl & Transportauftrag speichern“ kann der Tour ein Frächter zugewiesen werden und der Transportauftrag gespeichert werden. Wenn der Button selektiert wird, wird ein Dialog geöffnet, der alle Transportdienstleister auflistet, die angegeben haben, dass sie die hinterlegte Ladestelle anfahren. Wenn es sich beim ausgewählten Tabelleneintrag um einen Gefahrenguttransport handelt, werden die Frächter zusätzlich noch gefiltert und nur jene Frächter im Dialog angezeigt, die Gefahrenguttransporte durchführen dürfen. Die infrage kommenden Frächter werden in einer Tabelle dargestellt, die den Namen, die Anschrift, den Durchschnittspreis des Frächters pro Auftrag, die Durchschnittsbewertung des Frächters pro Auftrag, die Bemerkungen und den Status des Aktiv-Flags ausgibt. Der Mitarbeiter des Spediteurs kann einen Frächter einfach auswählen, indem er den gewünschten Tabelleneintrag selektiert. Darüber hinaus kann der Spediteur in diesem Dialog neben der Transportdienstleisterauswahl auch den benötigten LKW Typ für den Auftrag angeben.

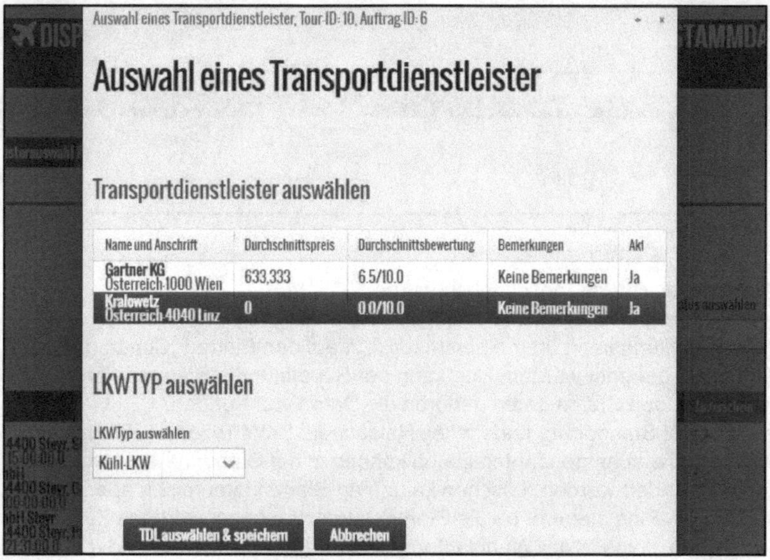

Abbildung 31: Prototyp – Dialog zur Transportdienstleisterauswahl

Durch die Auswahl des Buttons „TDL auswählen & speichern“ werden die ausgewählten Daten gespeichert und ein Email mit den Daten zum Transportauftrag und den

einzelnen Aufträgen an den Frächter gesendet. Wenn der Spediteur im Dialog stattdessen den „Abbrechen“ Button auswählt, dann wird der Dialog zur Transportdienstleisterauswahl geschlossen und die selektierten Daten verworfen.
Wenn der Spediteur in der Transportauftragstabelle einen Transportauftrag auswählt, der den Transportauftragsstatus „angenommen“, „Problem“ oder „erledigt“ hat, kann der Spediteur den Transportauftrag stornieren, in dem er den Tabelleneintrag selektiert und anschließend den Button „Selektierten Transportauftrag stornieren“ drückt.
Bei Transportaufträgen die den Transportauftragsstatus „erledigt“ haben kann der Spediteur die Bewertung vom Auftrag verändern, indem er einen Transportauftrag in der Tabelle mittel linken Mausklick auswählt und anschließend den Button „Bewertung editieren“ auswählt. Sobald der Button ausgewählt wurde, wird ein Dialog aufgeblendet der es erlaubt die vergebenen Punkte und die Anmerkung anzupassen.

Partneransicht

Indem der Spediteur ganz oben in der blauen Menüleiste den Eintrag „Partner“ auswählt, kann er die Partneransicht erreichen. In dieser Ansicht werden alle Logistikpartner, also alle Frächter, in einer Tabelle aufgelistet. Neben dem Namen, der Anschrift, des Durchschnittspreises pro Auftrag, der Durchschnittsbewertung je Auftrag und den Bemerkungen ist auch das Aktiv-Flag in der Tabelle ersichtlich. Auch in dieser Tabelle können die Tabelleneinträge wieder sortiert und die Tabellenspalten ein- beziehungsweise ausblendet und neu anordnet werden, wie bereits im Kapitel 4.4.1 im

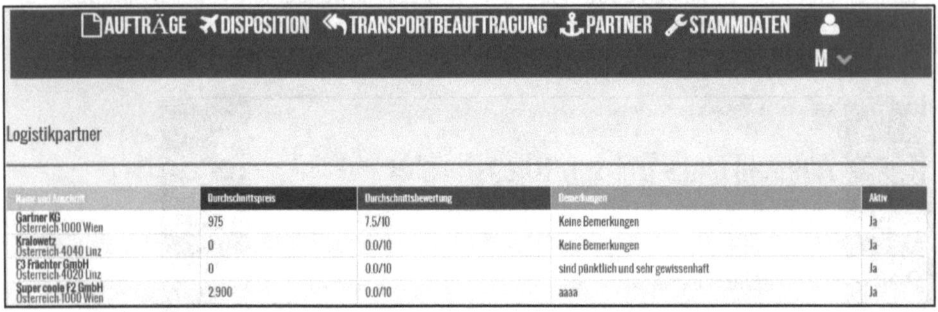

Abbildung 32: Prototyp - Partneransicht

Unterpunkt „Auftragsverwaltung“ beschrieben wurde.

Stammdatenverwaltung

Die Stammdatenverwaltung kann über einen Mausklick auf den Eintrag „Stammdaten“ in der blauen Menüleiste geöffnet werden. Hier kann der Spediteur die Stammdaten vom Prototyp verwalten. Zu den Stammdaten gehören die Daten von Kunden, Transportdienstleistern, Standorten, Lademittel, Relationen, LKW Typen, Auftragsstatus und Transportstatus. Die eben genannten Daten können in der Stammdatenverwaltung neu angelegt und verändert werden. Löschen kann man Stammdaten nicht, aber man kann über das Boolean-Flag steuern, ob die Stammdaten zum gegenwärtigen Zeitpunkt relevant sind und demzufolge in der Webplattform verwendet werden sollen oder nicht. Mit Hilfe von Tabs kann man die verschiedenen Stammdaten auswählen. Dargestellt werden die bestehenden Stammdaten in Form von Tabellen. Auch in diesen Tabellen können die Tabelleneinträge wieder sortiert und die Tabellenspalten ein-

beziehungsweise ausblendet und neu anordnet werden, wie bereits im Kapitel 4.4.1 im Unterpunkt „Auftragsverwaltung“ beschrieben wurde. Bei allen Eingabemasken für Stammdaten sind die Pflichtfelder, wie gewohnt, mit einem roten Stern am Ende des Feldnamens gekennzeichnet.
Eine Besonderheit bei den Stammdaten sind die Lademittel. Lademittel sind zum Beispiel Gitterboxen und Europaletten. Neben der Anlage von neuen Lademittel und dem Editieren von bestehenden Lademittel kann der Spediteur auch noch neue Lademitteltransaktionen durchführen, mit dem gleichnamigen Button. Auf diese Weise kann das Leihen und das Verleihen von Lademitteln mit dem Kunden oder dem Frächter dokumentiert werden. Bei der Lademitteltransaktion können eine sprechende Bezeichnung, die Anzahl, die Auftrag-ID, das Datum, das betroffene Lademittel und der Austauschpartner angegeben werden. Die Lademitteltransaktionen können über den Button „Lademitteltransaktionen anzeigen“, den jedes Lademittel hat, abgefragt werden. Wenn dieser Button ausgewählt wird, erscheint ein neuer Dialog der alle Lademitteltransaktion zum ausgewählten Lademittel anzeigt in einer Tabelle anzeigt. In der Tabelle wird die Auftrag-ID, das Datum, das Lademittel, der Transaktionspartner und die Anzahl angezeigt. Auch in dieser Tabelle können die Tabelleneinträge wieder sortiert und die Tabellenspalten ein- beziehungsweise ausblendet und neu anordnet werden, wie bereits im Kapitel 4.4.1 im Unterpunkt „Auftragsverwaltung“ beschrieben wurde. Oberhalb der Tabelle kann man die Lademitteltransaktionen nach Transportdienstleister und Kunde filtern. Oberhalb der Tabelle existiert noch ein „Filter rücksetzen“ Button, damit gemachte Filtereinstellungen wieder entfernt werden können. Unter der Tabelle wird aus den aktuell sichtbaren Tabelleneinträgen ein Saldo errechnet. Das bedeutet, wenn man nach Kunde oder Transportdienstleister filtert, wird unten, das jeweilige Saldo für den Kunden beziehungsweise den Transportdienstleister angezeigt.

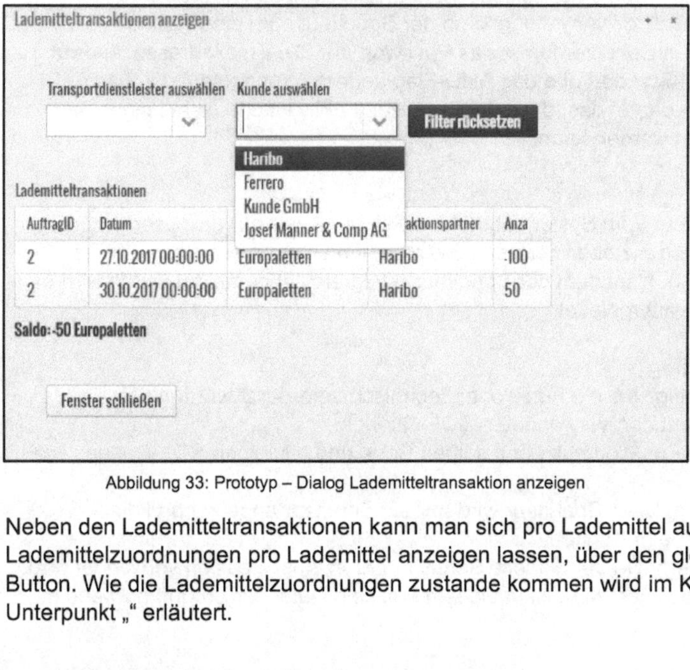

Abbildung 33: Prototyp – Dialog Lademitteltransaktion anzeigen

Neben den Lademitteltransaktionen kann man sich pro Lademittel auch die Lademittelzuordnungen pro Lademittel anzeigen lassen, über den gleichnamigen Button. Wie die Lademittelzuordnungen zustande kommen wird im Kapitel 4.4.4 im Unterpunkt „“ erläutert.

Wenn man den Button „Lademittelzuordnung anzeigen“ auswählt, wird ein Dialog geöffnet, der in einer Tabelle alle aufgezeichneten Lademittelzuordnungen darstellt. Die Tabelle umfasst die Auftrag-ID, die Lademittelbezeichnung und die Anzahl. Auch in dieser Tabelle können die Tabelleneinträge wieder sortiert und die Tabellenspalten ein- beziehungsweise ausblendet und neu anordnet werden, wie bereits im Kapitel 4.4.1 im Unterpunkt „Auftragsverwaltung“ beschrieben wurde.

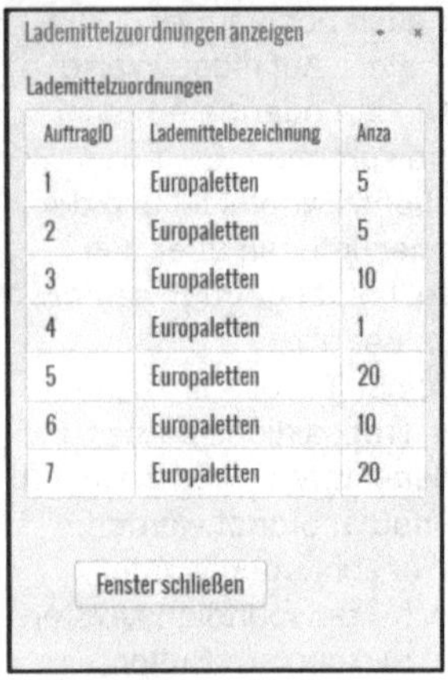

AuftragID	Lademittelbezeichnung	Anza
1	Europaletten	5
2	Europaletten	5
3	Europaletten	10
4	Europaletten	1
5	Europaletten	20
6	Europaletten	10
7	Europaletten	20

Abbildung 34: Prototyp – Dialog Lademittelzuordnung anzeigen

Profilverwaltung

Der Spediteur kann die Profilverwaltung durch einen Klick auf das Usersymbol in der blauen Menüleiste und durch einen anschließenden Klick auf den Eintrag „Profil editieren“ öffnen. In der Profilverwaltung kann der Spediteur zum einen seine Benutzerdaten, wie den Benutzername, das Passwort und die Emailadresse, ändern und zum anderen den Standort und das Aktiv-Flag ändern. Wenn das Aktiv-Flag auf „Nein“ gesetzt wird, bedeutet das, dass der Benutzer inaktiv ist und nicht länger zur Anmeldung verwendet werden kann.

Abmelden

Wenn sich der Spediteur vom System abmelden will, muss der nur das Usersymbol in der blauen Menüleiste ganz oben rechts auswählen und anschließend den Eintrag „Abmelden“ selektieren. Nachdem der Spediteur erfolgreich abgemeldet wurde wird er zum Login Formular weitergeleitet.

Technische Umsetzung

Dieses Unterkapitel zeigt wie die Funktionen technisch umgesetzt wurden. Der Fokus liegt dabei vor allem auf den verwendeten SQL-Queries.

- <u>User einloggen:</u> Die Funktion nutzt den selben Code und dieselben SQL-Queries wie die Rolle Kunde.
- <u>Neuen User erstellen:</u> Beim Spediteur wird nur ein Benutzer angelegt und dieser Vorgang ist ident wie beim Kunden.
- <u>Spediteurdaten ändern:</u> Da der aktuelle Benutzer der in einer Session verwendet wird in einer Variable gespeichert wird, ist in diesem Fall kein Datenbankzugriff notwendig.

Wie auch beim Kunden und beim Frächter werden aber auch hier alle Standorte und Rollen aus der DB gelesen, wenn das Formular geöffnet wird, dass für die Bearbeitung des Profils zuständig ist (SQL-Statements siehe Kundensicht unter technische Umsetzung und „Kundendaten ändern“). Wenn der Spediteur die Änderungen speichert wird auch hier wie beim Kunden und beim Frächter ein neuer Benutzer angelegt und der alte Benutzer gelöscht, wenn sich der Name des Benutzer verändert hat (SQL-Statements siehe Kundensicht unter technische Umsetzung und „Kundendaten ändern“).

- Stammdaten anlegen: Das Anlegen der Stammdaten wie Kunden, Transportdienstleister, Standorte, Lademittel, Relationen, LKW Typen, Auftragsstatus und Transportstatus funktioniert immer relativ ähnlich, darum wird nur ein Datenbank-Statement vorgestellt, dass verwendet wird um neue LKW-Typen anzulegen: `INSERT INTO lkwtyp (bezeichnung, hebebuehne, aktiv) VALUES (?,?,?)`.
- Stammdaten editieren, aktivieren und deaktivieren: Auch das Editieren, Aktivieren und Deaktivieren ist bei allen Stammdaten relativ ähnlich. Bei all diesen Funktionen werden die bestehenden Stammdaten aktualisiert. Das folgende Statement zeigt wie ein LKW-Typ aktualisiert wird: `UPDATE lkwtyp SET bezeichnung = ?, hebebuehne = ?, aktiv = ? WHERE lkwtypid = ?`.
- Auftrag anlegen, editieren und löschen: Das Anlegen und das Editieren von Aufträgen funktioniert beinahe gleich wie beim Kunden, nur das der Spediteur noch zusätzlich einen Kunden beim Auftrag auswählen kann. Die aktiven Kunden werden über die folgende Query ermittelt: `SELECT * FROM kunde WHERE aktiv = 1`. Das Löschen vom Auftrag ist komplett ident wie beim Kunden.
- Tour erstellen: Wenn eine neue Tour erstellt wird in der Disposition, dann werden keine Daten in der Datenbank gespeichert, stattdessen wird nur das Formular der Disposition angepasst. Erst wenn der Tour ein Auftrag zugewiesen wird, wird die Tour gespeichert.
- Der Tour Aufträge zuweisen: Werden einer neuen Tour Aufträge zugewiesen, dann wird zuerst die Tour gespeichert (SQL-Query: `INSERT INTO tour (preis, gewicht, gefahrengut, palettenstellplaetze, lademeter, qubikmeter, relation_bezeichnung, ANZAHLAUFTRÄGE) VALUES (?,?,?,?,?,?,?,?)`). Wenn die Tour nicht neu ist, dann wird die Tour aktualisiert (SQL-Query: `UPDATE tour SET preis = ?, gewicht = ?, gefahrengut = ?, palettenstellplaetze = ?, lademeter = ?, qubikmeter = ?, relation_bezeichnung = ?, ANZAHLAUFTRÄGE = ?, transportauftrag_transportauftragid = ? WHERE referenz = ?`) und anschließend werden die AuftragTourZuordnungen der bestehenden Tour gelöscht (SQL-Query: `DELETE FROM auftragtourzuordnung WHERE tour_referenz = ?`). Das ist notwendig, wenn zum Beispiel ein Auftrag von einer Tour in eine andere Tour verschoben wird. Anschließend werden die AuftragTourZuordnungen zur neuen bzw. zur aktualisierten Tour gespeichert (SQL-Query: `INSERT INTO auftragtourzuordnung (auftragID, tour_referenz, AUFTRAGDISPOSITION_AUFTRAGDISPOSITIONID) VALUES (?,?,?)`).
- Tour löschen: Wählt der User die Aktion „Tour löschen“ aus, dann wird zuerst das Feld „AuftragTourID“ bei allen AuftragDispositionen auf null gesetzt (Beispiel SQL-Query: `UPDATE AUFTRAGDISPOSITION SET AUFTRAGTOURID = NULL WHERE AUFTRAGTOURID = ?`). Durch das Zurücksetzen des Feldes, erscheinen die Einträge wieder links in der Tabelle, bei den Einträgen, die noch keiner Tour zugeordnet sind. Anschließend wird die Tour gelöscht (SQL-Query: `DELETE FROM tour WHERE referenz = ?`).
- Dem Transportauftrag einen TDL zuordnen: Wenn der Spediteur einen Transportauftrag einen Transportdienstleister zuordnet, dann erhält der Transportauftrag automatisch den Status „angefragt“ und beim Transportauftrag wird der ausgewählte Frächter hinterlegt. Anschließend wird der Transportauftrag gespeichert (SQL-Query für

neue Transportaufträge: `INSERT INTO transportauftrag (ABGEHOLT, ZUGESTELLT, PROBLEM, FRACHTBRIEFFILE, LKWTYP_LKWTYPID, TRANSPORTDIENSTLEISTER_2_TRANS, TASTATUS_TASTATUSID, LIEFERUNGOKAY, LIEFERUNGNICHTOKAY) VALUES (?,?,?,?,?,?,?,?,?)`, SQL-Query für bestehende Transportaufträge: `UPDATE transportauftrag SET ABGEHOLT = ?, ZUGESTELLT = ?, PROBLEM = ?, FRACHTBRIEFFILE = ?, LKWTYP_LKWTYPID = ?, TRANSPORTDIENSTLEISTER_2_TRANS = ?, TASTATUS_TASTATUSID = ?, LIEFERUNGOKAY = ?, LIEFERUNGNICHTOKAY = ? WHERE TRANSPORTAUFTRAGID = ?`). Zum Abschluss wird die ID vom neuen Transportauftrag bei der Tour hinterlegt und die Tour gespeichert (SQL-Query siehe „Der Tour Aufträge zuweisen").

- Transportauftrag stornieren: Wird ein Transportauftrag storniert, dann wird der Status vom Transportauftrag auf „storniert" gesetzt und der Transportauftrag gespeichert (siehe SQL-Query: siehe Frächtersicht unter technische Umsetzung und „Status vom Transportauftrag ändern").
- Lademitteltransaktionen buchen: Wenn der Spediteur eine neue Lademitteltransaktion beispielsweise für einen Transportdienstleister anlegt, dann wird die Transaktion mit dieser SQL-Query angelegt: `INSERT INTO lademitteltransaktion (bezeichnung, anzahl, auftragid, datum, lademittel_lademittelid, transportdienstleister_2_lade) VALUES (?,?,?,?,?,?)`.
- Bewertung eines Auftrages ändern: Der Spediteur kann die Systembewertung nach seinen Wünschen anpassen. Sobald er die Systembewertung anpasst und die Änderung speichert wird die Bewertung durch das folgende Datenbank-Statement aktualisiert: `UPDATE bewertung SET punkte = ?, anmerkung = ?, datum = ?, bewerter = ? WHERE bewertungid = ?`.

4.4.4. Automatisierte Funktionen

Dieses Unterkapitel beinhaltet alle automatisierten Funktionen die für alle Rollen gleichermaßen interessant sind und bisher noch nicht erwähnt wurden.

Automatische Bewertung von Frächtern

Bewertungen von Frächtern werden vom Prototyp automatisch erstellt, sobald der Frächter den Transportauftrag auf erledigt setzt. Die Bewertungen können aber jederzeit vom Spediteur angepasst werden. 10 Punkte stellen bei der Bewertung die Bestnote dar. Bewertet werden zum einen die Pünktlichkeit der Lieferung und zum anderen die Unversehrtheit der Lieferung. Bei der automatischen Bewertung über den Prototyp werden jedem Kriterium 5 Punkte zugewiesen. Das bedeutet, wenn der Auftrag sowohl pünktlich als auch unversehrt abgeschlossen wird, dann erhält der Transportdienstleister 10 Punkte. Wenn die Lieferung zu spät oder beschädigt eintrifft, erhält der Frächter nur 5 von 10 Punkten und wenn die Lieferung zu spät und beschädigt zugestellt wird erhält der Transportdienstleister null Punkte für den Auftrag. Wenn pünktlich geliefert wurde und die Ware unbeschädigt ist, werden 10 Punkte vergeben.

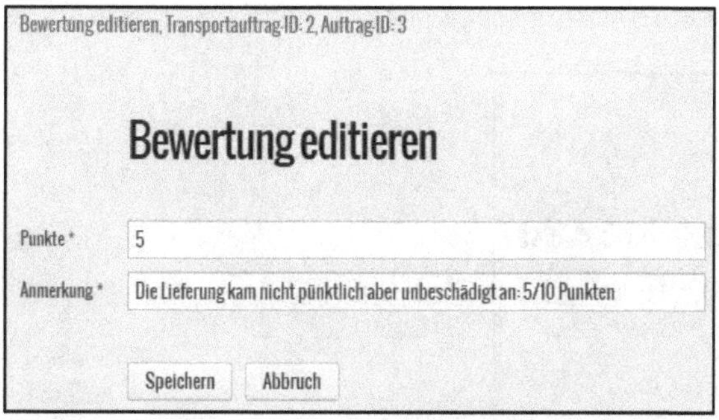

Abbildung 35: Prototyp – Beispiel einer automatischen Bewertung

Automatische Emailbenachrichtigung für den Transportdienstleister
Sobald der Spediteur einer Tour einen Transportdienstleister zuweist, wird der Transportdienstleister über den neuen Transportauftrag per Email automatisch benachrichtigt. Das Email beinhaltet sämtliche Daten über den Transportauftrag, sowie sämtliche Daten über die einzelnen Aufträge. Auf diese Weise kann der Frächter die relevanten Daten sofort begutachten und den Spediteur informieren, ob er den Auftrag annimmt oder ablehnt.

Automatische Lademittelzuordnung von Paletten
Der Prototyp zeichnet automatisch auf, welchen Auftrag wie viele Europaletten zugeordnet wurden, wenn der Kunde oder der Spediteur einen neuen Auftrag speichern. Die Lademittelzuordnung wird allerdings nur aufgezeichnet, wenn beim Auftrag hinterlegt ist, dass es zu keinem Lademittelaustausch kommt. Ein Lademittelaustausch bedeutet, dass die vollen Lademittel, wie etwa Paletten mit der Ware, gegen leere Lademittel, in diesem Fall leere Paletten, getauscht werden. Auf diese Weise muss es zu keiner Lademittelzuordnung kommen, weil Lademittel weder geliehen noch verliehen werden.

Dialog-Header
Wie im Kapitel 4.1.5 festgehalten, soll jeder Dialog einen Header besitzen, damit der User immer weiß in welchen Dialog er gerade operiert. Der Dialogheader ist in jedem Dialog ganz links oben zu finden. Alle Dialogheader im Prototyp setzen sich aus dem Aktionsnamen und falls vorhanden aus dem Namen des bearbeiteten Elements und der eindeutigen ID des Elements zusammen. Auf diese Weise sollte im Dialog immer ersichtlich sein, welche Aktion gerade ausgeführt wird und welches Element gerade bearbeitet wird.

Prototypaufruf über mobile Geräte
Eine Anforderung an den Prototyp war, dass er über mobile Geräte und Geräten mit unterschiedlich großen Displays aufrufbar sein muss. Verschiedene Smartphones wurden simuliert und die Tests zeigten, dass der Prototyp der Webplattform auch von einem Smartphone aus ohne Probleme zu bedienen ist. Die folgenden Bilder sollen belegen, dass der Prototyp auch von mobilen Geräten aufrufbar ist. Für die Bilder wurden extra die Auftragsverwaltung ausgewählt, weil sie eine große Tabelle mit vielen

Daten beinhaltet und das Formular zur Auftragserstellung, weil es so viele Felder umfasst wie kein anderes Formular im Prototyp:

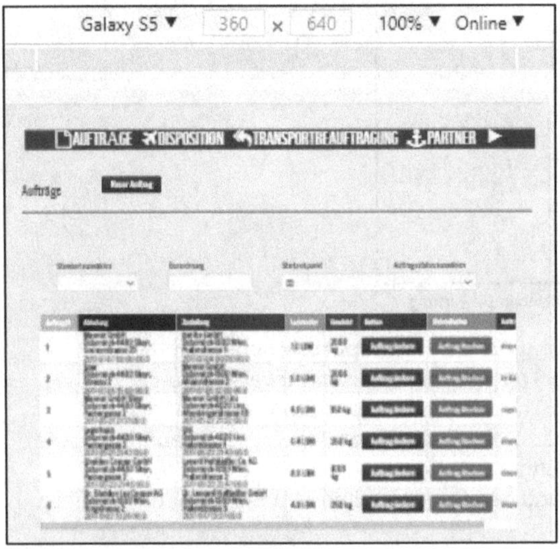

Abbildung 36: Prototyp – Aufruf der Auftragsverwaltung mit einem Galaxy S5

Die Auftragsverwaltung des Prototyps wurde mit einem Galaxy S5 aufgerufen. Wie im Bild ersichtlich hat sich das gesamte Design an das kleinere Display angepasst. Das ist vor allem an der Menüleiste, der Tabelle und den Filterfeldern oberhalb der Tabelle ersichtlich. Die Menüleiste zeigt einfach weniger Einträge an, die anderen Einträge sind durch den nun eingeblendeten weißen Pfeil ganz rechts auswählbar. Da die Mindestbreite der Auftragstabelle minimal unterschritten wurde, wird nun unten bei der Tabelle eine Leiste eingeblendet, die das Verschieben der Tabellenspalten erlaubt, auf diese Weise können alle Tabellenspalten begutachtet werden. Auch die Felder zum Filtern sind noch alle erreichbar, auch wenn zwischen dem dritten und dem vierten Feld nur ein minimaler Abstand vorhanden ist.

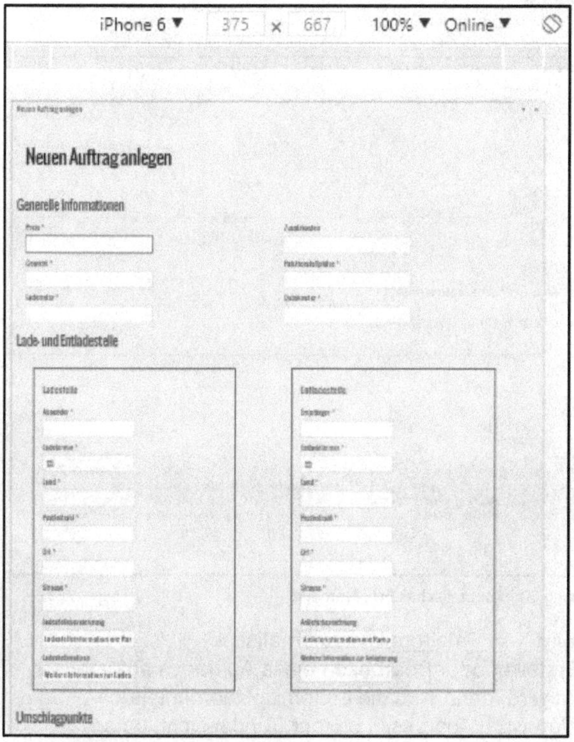

Abbildung 37: Prototyp – Aufruf des Formulars zur Auftragserstellung mit einem iPhone 6

Das gesamte Formular hat sich wirklich ideal an das Display des iPhone 6 angepasst. Die Felder sind nicht mehr so lange und die Struktur und der Aufbau sind auch beim kleinen Display ident wie bei einem größeren Display.

Unterschiedliche Menüleistenfarbe

Ergänzend wird nochmals erwähnt, dass alle Rollen eine andere Menüleistenfarbe zugeordnet bekommen haben, damit man mit einem Blick sagen kann mit welcher Rolle ein User eingeloggt ist. Kunden verfügen über eine rote Menüleiste, Transportdienstleister über eine grüne Menüleiste und Mitarbeiter der Firma Schachinger Logistik Holding GmbH über eine blaue Menüleiste.

Technische Umsetzung

Hier wird grob beschrieben wie die zuvor erwähnten Funktionen umgesetzt wurden.
- Automatische Bewertung von Aufträgen: Die automatische Bewertung wurde bereits in der Frächtersicht in den technischen Umsetzungen im Unterpunkt „Status vom Transportauftrag ändern“ beschrieben.
- Automatische Emailbenachrichtigung für den Transportdienstleister: Der Emailversand wurde mit den Klassen Session, Message und Transport aus dem Package „javax.mail“

realisiert. Die folgende Abbildung zeigt wie der automatische Emailversand im Detail implementiert wurde:

```
public static void sendEmail(String Ps_text, String Ps_empfaenger, String Ps_transportauftragID)
{
    String Fs_gmailUser = "[redacted]";
    String Fs_gmailPW = "[redacted]";
    Properties props = new Properties();
    props.put("mail.smtp.host", "smtp.gmail.com");
    props.put("mail.smtp.socketFactory.port", "465");
    props.put("mail.smtp.socketFactory.class",
            "javax.net.ssl.SSLSocketFactory");
    props.put("mail.smtp.auth", "true");
    props.put("mail.smtp.port", "465");

    Session session = Session.getDefaultInstance(props,
        new javax.mail.Authenticator() {
            @Override
            protected PasswordAuthentication getPasswordAuthentication()
            {
                return new PasswordAuthentication(Fs_gmailUser, Fs_gmailPW);
            }
        });

    try {

        Message message = new MimeMessage(session);
        message.setFrom(new InternetAddress(Fs_gmailUser));
        message.setRecipients(Message.RecipientType.TO,
                InternetAddress.parse(Ps_empfaenger));
        message.setSubject("[Schachinger Logistik Holding GmbH] Neuer Transportauftrag (ID: " + Ps_transportauftragID + ")");
        String Fs_emailText = "Lieber Frächter,\nFür Sie ist ein neuer Transportauftrag eingetroffen. Details zum "
                + "Transportauftrag: \n\n" + Ps_text + "\nBitte geben Sie uns ehestmöglich über die Webplattform der Firma "
                        + "Schachinger Logistik Holding GmbH Bescheid, ob Sie diesen Transportauftrag annehmen oder ablehnen.";
        message.setText(Fs_emailText);

        Transport.send(message);
```

Abbildung 38: Automatischer Emailversand

- Automatische Lademittelzuordnung von Paletten: Die automatische Lademittelzuordnung wird beim Erstellen oder Bearbeiten eines Auftrages automatisch erstellt. Wenn ein Auftrag gelöscht wird, dann wird die Lademittelzuordung auch gelöscht. Wie das genau funktioniert wurde bereits in bei der Kundensicht, unter technische Umsetzung und Aufträge anlegen, Aufträge editieren und Aufträge löschen, beschrieben.
- Dialog-Header: Dialog-Header lassen sich mit Vaadin sehr einfach einfügen, es muss nur der gewünschte Stringwert dem Konstruktor der Klasse com.vaadin.ui.Window als Parameter mitübergeben werden. [28]
- Prototypaufruf über mobile Geräte: Mit Vaadin kann man verschiedene CSS Regeln für verschiedene Dimensionen von Vaadin-Komponenten festlegen. Auf diese Weise passen sich die Komponenten immer an die vorhandene Bildschirmdimension an. Wichtig ist auch, die Größenangaben der Komponenten im Programm in Prozent anzugeben. [28]
- Unterschiedliche Menüleistenfarbe: Für jede Rolle wurde eine eigene Darstellung der Menüleiste mit Hilfe von CSS Befehlen definiert. Je nachdem mit welcher Rolle der User einsteigt, wird die jeweilige Darstellung der Menüleiste der Rolle verwendet.

Abschließend werden ein paar Bilder vorgestellt, die zum Verständnis vom Prototypen beitragen sollen. Das erste Bild zeigt wie der Prototyp in Zukunft verwendet werden soll. Es zeigt, dass die Datenbank auf dem Server liegt und die Webplattform, die ebenfalls am Server liegt mit der Datenbank interagiert. Die Clients, wie etwa diverse Kunden, Frächter und Mitarbeiter des Spediteurs, können den Prototyp über den Webbrowser aufrufen und verwenden.

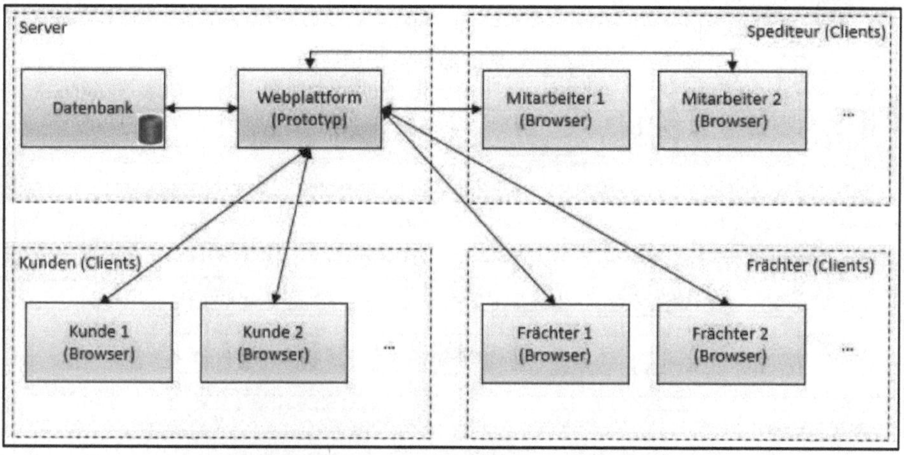

Abbildung 39: Server- und Clientkomponenten der Webplattform

Das nachfolgende Bild zeigt welche Klassen der Prototyp in welchen Packages beinhaltet. Im Package „com.prototype.objects“ befindet sich für jedes Objekt, dass im Prototyp vorkommt eine Klasse. Die Klassen in diesem Package haben die Aufgabe Basisfunktionen zum jeweiligen Objekt zur Verfügung zu stellen. Zu den Basisfunktionen gehören zum Beispiel das Setzen und Auslesen von Feldern, sowie das Erstellen, Speichern und Löschen von Objekten. Alle anderen Klassen bauen auf die Funktionen dieser Klassen auf. Das Package „com.prototype.views“ beinhaltet alle Formulare und Eingabemasken die im Prototyp ersichtlich sind. Jede Klasse verwaltet dabei ein Formular, dass über die Menüleiste oben auswählbar ist. Die meisten Klassen müssen je nachdem welche Rolle der User ausgewählt, das Formular anders aufbauen und andere Aktionen zur Verfügung stellen. Das Package „com.prototype.ui“ beinhaltet allgemeine Klassen, die alle Formulare verwalten oder Funktionen zur Verfügung stellen, die mehrere Seiten betreffen. Die Klasse PrototypeUI verwaltet alle Formulare und generiert die Menüleiste, die es erlaubt alle Formulare aufzurufen. Die Klasse MyCustomFilter stellt mehrere Filterfunktionen für die Tabellen zur Verfügung, die in verschiedenen Formularen angewendet werden. Die Klasse LoginForm generiert die Startseite vom Prototyp, das Loginformular. Neben den Loginfunktionen sorgt die Klasse auch dafür, dass nachdem erfolgreichen Login die Weiterleitung zum richtigen Formular in die Wege geleitet wird.

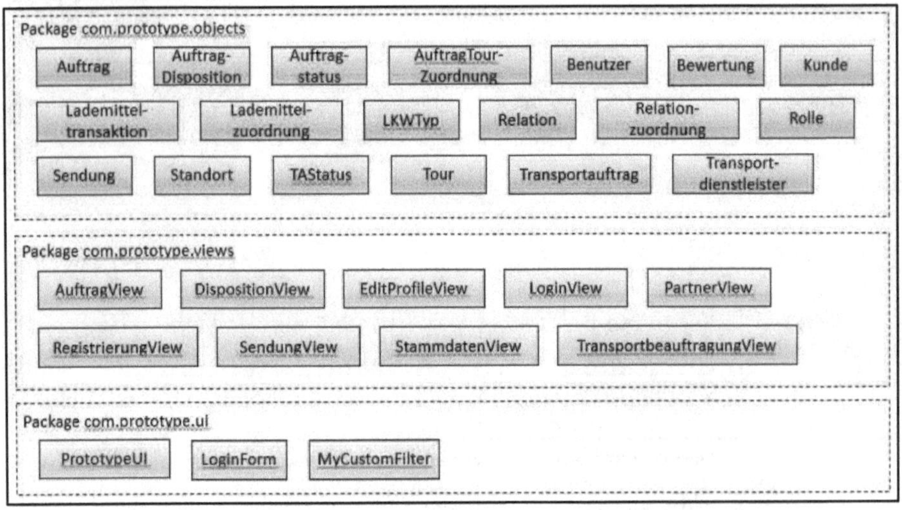

Abbildung 40: Package- und Klassenstruktur vom Prototyp

Durch den Aufbau ist es einfach den Prototyp mit neuen Funktionen und Formularen zu erweitern. Wenn beispielsweise der Prototyp um ein neues Objekt und das dazugehörige Formular erweitert werden soll, muss einfach eine neue Klasse für das Objekt im Package „com.prototype.objects" definiert werden. Anschließend muss eine neue Klasse für das Formular im Package „com.prototype.views" definiert werden und sobald das neue Formular im Navigator und in der Menüleiste der Klasse PrototypeUI eingebettet wurde kann die Seite bereits aufgerufen werden. Wenn beispielsweise ein neues Formular implementiert werden soll, dass auf bestehende Objekte aufbaut, dann muss nur eine Klasse für das neue Formular erstellt werden im Package „com.prototype.views" und sobald das neue Formular in der Klasse PrototypeUI angegeben wurde, ist das Formular bereits aufrufbar.
Abschließend gibt das folgende Bild nochmals einen Überblick über die Funktionen, die jede Rolle ausführen kann. Im Bild sind auch die Funktionen dargestellt, die die Webplattform automatisch ausführt:

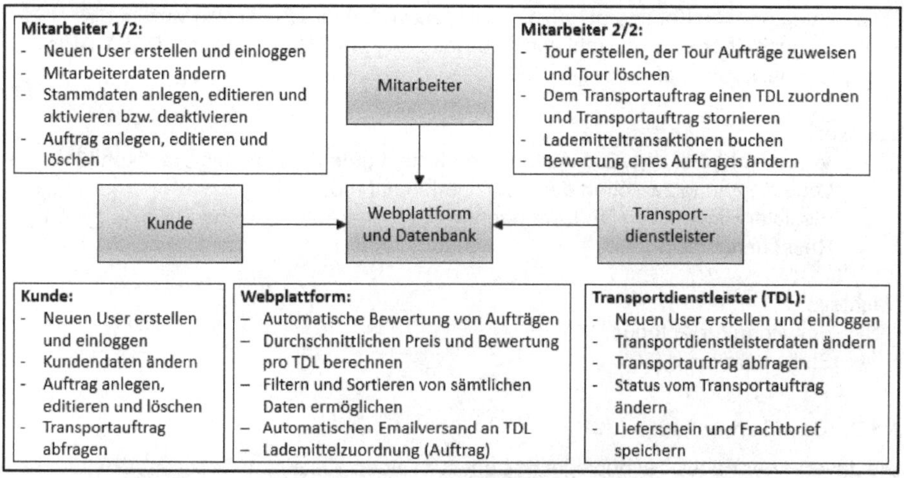

Abbildung 41: Funktionsübersicht vom Prototyp

Das nächste Kapitel befasst sich mit den verwendeten Werkzeugen und Technologien, sowie mit möglichen Alternativen. Anschließend wird begründet, weshalb die verwendeten Werkzeuge und Technologien verwendet wurden.

5. Verwendete Werkzeuge und Technologien

Zu Beginn der Prototypentwicklung wurden verschiedene Werkzeuge und Technologien in Betracht gezogen. In diesem Kapitel werden die in Frage kommenden Technologien und Werkzeuge erklärt und deren Vorteile und Nachteile kurz erläutert. Abschließend wird ein kurzes Fazit Aufschluss über die Technologie- beziehungsweise Werkzeugentscheidungen geben.

5.1. Technologien & Java Web Frameworks

Der Prototyp sollte mit wenig unterschiedlichen Technologien umgesetzt werden, denn auf diese Weise ist die Umsetzung einfacher, leichter zu debuggen, und es ist nicht notwendig, Schnittstellen zwischen den einzelnen Technologien zu implementieren. Aus diesem Grund wurden Technologien, die auf JavaScript basieren, wie AngularJS, für die Prototyperstellung ausgeschlossen. Denn bei diesen Technologien wird typischerweise das Frontend (JavaScript) und das Backend (Java) mit unterschiedlichen Technologien realisiert. Eine naheliegende Wahl für die Umsetzung sind die Java Web Frameworks. Diese Frameworks erlauben den Großteil vom Prototyp auf Backend- als auch auf Frontendseite mit der Java-Technologie umzusetzen. Die vier am meisten verbreiteten Vertreter dieser Gruppe sind Spring MVC, JavaServer Faces, Vaadin Framework und Google Web Toolkit [29].

5.1.1. Spring MVC (Model Viewer Controller)

Das Spring MVC Framework ist das mit Abstand am weitesten verbreitete Framework [29]. Konzipiert wurde das Framework als überlagertes J2EE / Java Framework, und es beinhaltet verschiedene Anwendungen. Es bietet ein nützliches Toolkit für die Entwicklung und die Konfiguration von Web-Anwendungen. Zusätzlich verfügt die Plattform noch über eine Vielzahl von Add-ons wie etwa SOAP Services, REST-APIs und Sicherheitsauthentifizierungen. [30]

Vorteile:

- Vereinfacht die Java-Entwicklung und fördert gute Programmierpraktiken [31]
- Lose Kopplung zwischen den verschiedenen Modulen [30]
- Flexibler Einsatz von DI (Dependency Injection): Automatische Zuweisung von Ressourcen [30]

Nachteile:

- Schwierig für Anfänger [30]
- Steile Lernkurve [30]

5.1.2. JavaServer Faces (JSF)

Die JavaServer Faces Technologie besteht zum einen aus einem Satz von APIs für die Darstellung und die Verwaltung von UI-Komponenten und zum anderen aus einer benutzerdefinierten JSP Tag-Bibliothek, die Schnittstellen innerhalb der JSP Seiten beschreibt. Neben der einfachen Handhabung ist die Flexibilität ein weiteres Hauptziel der Technologie. Die Flexibilität wird durch den Einsatz von standardisierter UI und Web-Tier Konzepte gewährleistet. Auf diese Weise wird der Entwickler auf keine Markup-Sprache, kein Protokoll oder kein Clientgerät beschränkt. Prominente Komponentenframeworks, die auf dieser Technologie aufbauen, sind unter anderem ICEfaces, RichFaces, PrimeFaces, BootsFaces und Mojarra Scales. [32]

Vorteile:

- JSF bietet volle Kontrolle und ist vollkommen anpassbar [32]
- Für große und umfangreiche Projekte geeignet: Erhöhte Übersichtlichkeit und Wiederverwendung in anderen Projekten Dank der Strukturierung [33]
- Gute Dokumentation und Community [34]

Nachteile:

- Ohne Vorkenntnisse in der Java-Web Entwicklung ist JSF schwer zu verstehen. [30]
- Grundkenntnisse von HTML, HTTP und Java von Nöten. [32]

5.1.3. Google Web Toolkit (GWT)

Das Entwicklungswerkzeug Google Web Toolkit erlaubt es, Webanwendungen mit der Java-Technologie zu entwickeln und zu optimieren. Sowohl der Client als auch der Server können mit der Java-Technologie realisiert werden und stehen in Bezug auf Performance und Schnelligkeit einer reinen JavaScript-Anwendung um nichts nach [31]. Die server- und clientseitige Realisierung mittels der Java-Technologie ermöglicht ein Java-nach-JavaScript Compiler. Zusätzlich zum Compiler verfügt das Entwicklungswerkzeug von Google Inc. noch über einen XML-Parser, eine Internationalisierungsunterstützung, eine Schnittstelle für Remote Procedure Calls

(RPC), eine JUnit-Integration und ein Widget Paket für die graphischen Oberflächen. [35]

Vorteile:
- Kompletter Code kann in Java geschrieben werden [31]
- Ideal für schnelle Fat Client Webanwendungen [30]
- Browserunabhängig [31]

Nachteile:
- Wegen der schnellen Entwicklung von GWT existieren viele verschiedene Versionen [30]
- GWT-Kompilierung ist langsam [30]

5.1.4. Vaadin Framework

Die Firma Vaadin Ltd. beschreibt ihr freies Webframework als Java-Framework für die Entwicklung von modernen, performanten und gutaussehenden Webanwendungen. Der Fokus des Produktes liegt dabei auf der Produktivität der Entwickler, der Endbenutzerfreundlichkeit und der Anpassbarkeit. Das Webframework bietet eine serverseitige Architektur, das bedeutet, dass der Großteil der Anwendung am Server ausgeführt wird. Die gesamte Anwendung kann mit der Java-Technologie umgesetzt werden. Für die Darstellung von Webseiten verwendet Vaadin das zuvor beschriebene Google Web Toolkit (GWT). [28]

Vorteile:
- Ist automatisch auf allen mobilen Geräten lauffähig [28]
- Der gesamte Vaadin Code ist zu 100 Prozent in Java [28]
- Schutz vor manipulierten Client-Daten dank serverseitiger Datenvalidierung [28]

Nachteile:
- Bei großen Projekten kann der automatisch erstellte JavaScript Code sehr groß werden [30]
- Feingranulare Änderungen in der UI sind teilweise schwieriger umzusetzen als mit JavaScript/HTML basierenden Frameworks [36]

5.1.5. Fazit bezüglich des Java Web Frameworks

Für die Umsetzung vom Prototypen wurde letztendlich das Framework Vaadin auserkoren. Ein Grund, der für Vaadin spricht, ist, dass es erlaubt, eine Webplattform mit nur einer Programmiersprache, nämlich mit Java, zu realisieren. Das vereinfacht die Umsetzung der Webplattform und macht Schnittstellen zwischen den verschiedenen Programmiersprachen überflüssig. Ein weiterer Grund ist, dass sich das Design automatisch ohne weitere Anpassungen an mobile Geräte anpasst. Darüber hinaus ist das Vaadin Plug-In einfach zu installieren und bietet über 650 nützliche Features. Mit Vaadin lassen sich einfach neue Webseiten generieren und es gibt viel Beispielcode und Tutorials. Durch die vorgefertigten Designs, die sogenannten Valo Themes, ist man außerdem schnell in der Lage, ein ansprechendes Design auf allen Seiten zu

verwenden. Die vorgefertigten Designs sind über scss-Dateien abänderbar und erweiterbar.
Der Autor Simon Maple hat in seinem Artikel [34] die Top acht Java Web Frameworks in verschiedenen Bereichen verglichen, und er kam zu dem Ergebnis, dass Vaadin das beste Framework für das Erstellen von Prototypen ist. Im Bereich „Prototyping App“ hat er die Frameworks anhand verschiedener Kriterien bewertet. Die Kriterien Umsetzungsschnelligkeit, Komplexität vom Framework, Benutzerfreundlichkeit und Dokumentation & Community hat der Autor als sehr wichtig eingestuft und deshalb hat er diesen Kriterien einen Multiplikator von 2 zugewiesen. Die Kriterien Framework Ökosystem und UX beziehungsweise Look and Feel hat er als normal eingestuft und deshalb mit einem Multiplikator von 1 ausgestattet. Skalierbarkeit, Updates, Prüfbarkeit und Sicherheit hat er in diesem Bereich als unwichtig erachtet und dementsprechend mit einem Multiplikator von 0 versehen. [34]

	Rapid Application Development	Framework Complexity	Ease of Use	Documentation & Community	Framework Ecosystem	Throughput/ Scalability	Code Maintenance/ Updates	UX/Look and Feel	Testability	Security	Totals
Priority	H	H	H	H	M	L	L	M	L	L	
Spring MVC	5	7	6	8	4	0	0	2	0	0	**32**
Grails	10	6	9	10	4.5	0	0	4	0	0	**43.6**
Vaadin	9	8	9	10	3	0	0	5	0	0	**44**
GWT	8	8	8	9	3	0	0	5	0	0	**41**
Wicket	7	5	7	6	3	0	0	3.5	0	0	**31.5**
Play	10	4	7	8	4.5	0	0	3	0	0	**36.5**
Struts	4	8	6	5	3	0	0	2.5	0	0	**28.5**
JSF	6	7	8	9	4	0	0	4.5	0	0	**38.5**

java web frameworks part 2 prototyping app results

Abbildung 42: Vergleich von Java Web Frameworks im Bereich „Protoyping App“ [31]

Die Entscheidung für das Framework Vaadin hat zur Folge, dass der gesamte Prototyp auf Backend- und Frontendseite mit der Java-Technologie umgesetzt wird. Als Programmierwerkzeug wurde Eclipse verwendet, weil bereits jahrelange Erfahrung mit dem Werkzeug gesammelt wurde, es kostenlos ist und es über eine gute Community verfügt. Weitere Gründe die für Eclipse sprechen sind die Offenheit des Tools und die Tatsache, dass es mit einer Vielzahl an nützlichen Plug-Ins erweiterbar und anpassbar ist. Darunter befindet sich unter anderem auch das verwendete Vaadin Plug-In. Der Prototyp wurde mit Hilfe des Programmpaketes XAMPP getestet. XAMPP wurde verwendet, weil es kostenlos ist, viele nützliche Tools wie etwa Apache, MariaDB, PHP, OpenSSL, phpMyAdmin, XAMPP Control Panel, Webalizer, Mercury Mail Transport System, FileZilla FTP Server, Tomcat und Stawberry Perl beinhaltet, einfach zu installieren und zu handhaben ist und eine gute Dokumentation besitzt [37].

Erfahrungswerte und Testergebnisse mit dem Prototyp
Der Prototyp läuft stabil und beinhaltet alle geforderten Funktionen, die im Kapitel 4.1 definiert wurden. Auch die Anforderungen hinsichtlich Design und Benutzerfreundlichkeit

wurden laut dem Linzer Unternehmen erfüllt. In Bezug auf den Prototypen und dessen Funktion konnten also alle gesetzten Ziele erreicht werden. Leider konnte der Prototyp bisher nur von mir und der Ansprechperson von Seiten des Spediteurs Mag. Dr. Bartosz Piekarz getestet werden, weil der Prototyp zum Zeitpunkt der Verschriftlichung noch nicht über einen Server zugänglich war. Aus diesem Grund konnte der Prototyp noch nicht von anderen Mitarbeitern der Firma Schachinger Logistik Holding GmbH getestet werden und noch keine aussagekräftigen und konkreten Testergebnisse generiert werden. Das Potential vom Prototyp war aber auch schon bei den bisherigen Tests ersichtlich, aber leider konnte der konkrete Nutzen aus Mangel an ausreichend vielen Testergebnissen noch nicht ermittelt werden.
Für die Zukunft wäre es jedenfalls gut, wenn ausführliche Tests durchgeführt werden. Auf diese Weise kann nicht nur der konkrete Nutzen ermittelt werden, sondern es zeigt sich auch ob es sinnvoll ist noch weitere Funktionen zu implementieren, oder ob bestehende Funktionen vom Prototyp angepasst werden sollen. Zwei weitere Anpassungen die beim Prototypen gemacht werden sollten, wenn der Prototyp für den Echtbetrieb verwendet werden soll, sind zum einen das Passwort der User sollte auf jeden Fall gehasht gespeichert werden auf der Datenbank und zum anderen sollte der automatische Emailversand, der durchgeführt wird, wenn ein Frächter einer Tour zugewiesen wird, eventuell in einen eigenen Thread ausgelagert werden. Denn sonst muss der User einige Sekunden warten bis der Emailversand erfolgreich war, bis er weiterarbeiten kann. Das Hashen vom Passwort ist notwendig, damit das Passwort nicht als reiner Text in der Datenbank gespeichert wird, sondern in verschlüsselter Form. Auf diese Weise soll der Missbrauch von diesen Daten verhindert werden. Um die Passwörter zu hashen und die eingegeben Passwörter mit den gehashten Passwörtern zu vergleichen gibt es bereits einige Klassen, die diese Funktionen anbieten wie etwa die Klassen java.security.MessageDigest, java.security.SecureRandom und org.mindrot.jbcrypt.BCrypt. Das folgende Codebeispiel zeigt wie man mit der Java-Klasse org.mindrot.jbcrypt.BCrypt auf einfache Weise Passwörter hashen und die gehashten Passwörter mit einer Usereingabe vergleichen kann [38]:

```
// Hash a password for the first time
String hashed = BCrypt.hashpw(password, BCrypt.gensalt());

// gensalt's log_rounds parameter determines the complexity
// the work factor is 2**log_rounds, and the default is 10
String hashed = BCrypt.hashpw(password, BCrypt.gensalt(12));

// Check that an unencrypted password matches one that has
// previously been hashed
if (BCrypt.checkpw(candidate, hashed))
    System.out.println("It matches");
else
    System.out.println("It does not match");
```

Abbildung 43: Codebeispiel um Passwörter mit BCrypt zu hashen und gehaste Passwörter zu vergleichen [38]

Das Auslagern vom Emailversand in einen eigenen Thread könnte zum Beispiel so aussehen:

```
// Sende Email an den Frächter in einen separaten Thread
Thread emailThread = new Thread() {
     public void run() {
        PrototypeUI.sendEmail(Transportauftrag.toString(F_savedTA, P_tour), F_tdl.getEmail(),
                 Integer.toString(F_tdl.getTransportdienstleisterID()));
     }
};

emailThread.start();
```

Abbildung 44: Codebeispiel für die Auslagerung vom Emailversand in einen separaten Thread

Das nächste Kapitel zeigt weitere Möglichkeiten auf, wie der Prototyp in Zukunft erweitert werden könnte. Außerdem wird beschrieben wie die nächsten Schritte vom Linzer Familienunternehmen aussehen in Bezug auf den erstellten Prototypen.

6. Erweiterungsmöglichkeiten

Wie bereits in der Einleitung kurz erwähnt, möchte die Firma Schachinger Logistik Holding GmbH den Prototyp weiterverwenden und ihn punktuell um neue Funktionen ergänzen beziehungsweise potentielle Schwachstellen ausbessern, denn bisher beinhaltet der Prototyp nur die wichtigsten Funktionen, die für eine Zusammenarbeit zwischen Kunde, Frächter und Mitarbeiter der Firma Schachinger Logistik Holding GmbH notwendig sind. Die wichtigsten und bereits implementierten Funktionen des Prototyps wurden im Kapitel 4.4 näher beschrieben. Der Prototyp der Webplattform wird über einen Server der Universität zugänglich gemacht und realistische Testdaten für den Prototyp generiert. Wie bereits im letzten Unterkapitel „Erfahrungswerte und Testergebnisse mit dem Prototyp" beschrieben wurde, war der Prototyp leider zum Zeitpunkt der Verschriftlichung noch nicht über einen Server aufrufbar. Sobald jedoch der Prototyp über den Server zur Verfügung steht, können die Mitarbeiter der Firma Schachinger Logistik Holding GmbH die Webplattform einfach aufrufen und intensiv testen. Die Testdaten, die vom Spediteur zur Verfügung gestellt werden, werden alte Auftragsdaten sein. Die Testdaten werden gesammelt und mit Hilfe eines SQL-Files, dass die gesamten Testdaten beinhaltet, in die Datenbank am Server eingespielt. Durch die alten Auftragsdaten, die vom Spediteur zur Verfügung gestellt werden, soll so realistisch wie möglich ein Echtbetrieb simuliert werden können. Die Erfahrungen, Eindrücke und Verbesserungsvorschläge sollen nach den Tests im Zuge einer Befragung ermittelt werden. Die Verbesserungspotentiale und Ideen für weitere sinnvolle Funktionen die im Zuge der Tests aufkommen, werden gesammelt und anschließend analysiert. Durch die Analyse sollen mögliche Schwachstellen und sinnvolle neue Funktionen extrahiert werden und umgesetzt werden.
Darüber hinaus sollen der Prototyp und die gesammelten Daten vom Prototyp als Basis für andere zukünftige Programme und Tools verwendet werden können. Eine einfache Variante, wie man dieses Ziel erreichen könnte, wäre, dass alle zukünftigen Programme und Applikationen sich mit der Datenbank vom Prototyp verbinden. Eine Verbindung mit der bereits existierenden Datenbank vom Prototyp sollte einfach herzustellen sein, durch die Angabe der URL, vom User und dem Passwort. Wenn ein Client Daten ändert, wäre es natürlich sinnvoll, wenn die anderen Clients in Echtzeit über die Änderungen informiert werden und ihre Daten sich ebenfalls aktualisieren. Vaadin stellt hierfür eine Lösung zur Verfügung die „Server Push" genannt wird. Diese Funktion zeigt die

aktualisierten Daten sofort im Browser an und nicht erst, wenn der Browser die nächste Serveranfrage stellt. Mit anderen Worten, der Server sendet die aktualisierten Daten an alle Clients, ohne dass die Clients einen Request an den Server stellen müssen. Push basiert normalerweise auf einer WebSocket-Verbindung. Dadurch kann der Server den Client über Aktualisierungen informieren. Wenn eine WebSocket-Verbindung vom Browser oder vom Server nicht unterstützt werden, dann verwendet Vaadin eine alternative Methode, die vom Browser unterstützt wird. Vaadin Push verwendet Atmosphere Framework für die Client-Server Kommunikation. Die Funktion lässt sich sehr einfach aktivieren, man muss nur bei der UI-Klasse die @Push Annotation ergänzen, dann wird der automatische Pushmode verwendet. [39]

```
@Push
public class PrototypeUI extends UI {
```

Abbildung 45: Server Push aktivieren beim Prototyp

Wenn in Zukunft andere Applikationen Daten verändern, könnten diese Applikationen zum Beispiel einen Datenbanktrigger verwenden, um die anderen Clients zu informieren. Datenbanktrigger sind gespeicherte Programme, die beim Eintreten von bestimmten Ereignissen ausgeführt werden [40]. Diese Programme werden also nicht explizit aufgerufen, sondern nur bei bestimmten Ereignissen, wie etwa, wenn sich die Daten in einer Tabelle ändern durch das Hinzufügen neuer Daten (INSERT bei SQL), das Ändern von Daten (UPDATE bei SQL) oder dem Löschen von Daten (DELETE bei SQL) [40]. Die folgende Abbildung zeigt, dass der Update Trigger nachdem UPDATE-Statement ausgeführt wird [41]. Anschließend wird der Insert Trigger ausgeführt, aufgrund des INSERT-Statements [41]. Abschließend wird der Delete Trigger ausgeführt, weil ein DELETE-Statement auf der Tabelle ausgeführt wurde [41].

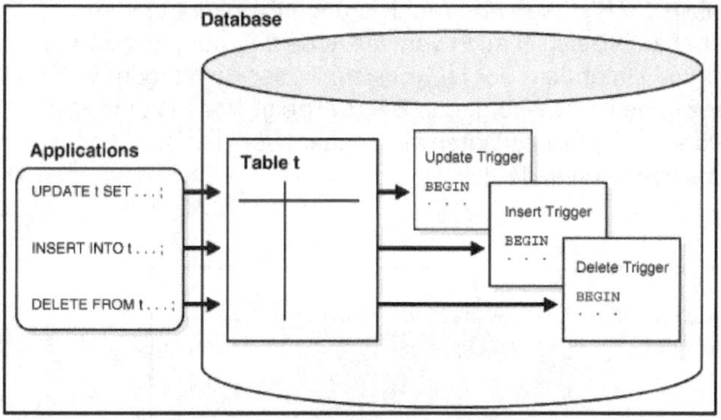

Abbildung 46: Datenbanktrigger [41]

Zu beachten gilt, dass Trigger selbst Daten erstellen, verändern und löschen können und demzufolge auch die Ausführung eines weiteren Triggers auslösen können. Dabei muss darauf geachtet werden, dass man keine Endlosschliefe produziert. Wie leicht das gehen kann zeigt folgende Abbildung: [42]

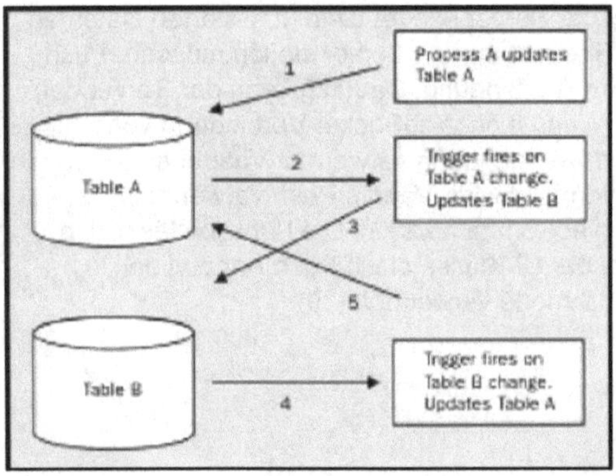

Abbildung 47: Endlosschleife mit Datenbanktrigger [42]

Die Schritte 2,3,4 und 5 werden endlos wiederholt, weil der Trigger der Tabelle A die Tabelle B verändert, dadurch wird der Trigger der Tabelle B aufgerufen der wiederrum die Tabelle A verändert. [42]

Beim Erstellen von Triggern kann unter anderem definiert werden, ob der Trigger vor oder nach einem Ereignis ausgeführt werden soll. Es kann ein Ausführungszeitpunkt, ein Ereignis und eine Tabelle definiert werden. Die hinterlegte Tabelle beim Trigger gibt an, welche Einträge einer Tabelle ein Ereignis verändern muss, um den Trigger auszulösen. Neben der Benachrichtigung über Änderungen kann der Trigger im Prototyp außerdem noch für Folgeverarbeitungen, Konsistenzüberwachungen, Benachrichtigungssysteme und als Zugriffschutz verwendet werden. Mit Folgearbeiten sind zum Beispiel Arbeiten wie etwa Historien und Archivierungen von geänderten Daten gemeint. Es können aber zum Beispiel auch von der Änderung abhängige Daten entsprechend angepasst werden. Unter dem Begriff Konsistenzüberwachungen ist die Wahrung der Datenkonsistenz gemeint. Das folgende Beispiel zeigt, wie man mit Hilfe eines Produktes der Firma PubNub und eines Datenbanktriggers ein Benachrichtigungssystem umsetzen könnte [43]:

Message erzeugen: [43]

```
DELIMITER $$
CREATE PROCEDURE publish_message(p1 DOUBLE, p2 DOUBLE, p3 BIGINT)
BEGIN DECLARE cmd CHAR(255);
    DECLARE result CHAR(255);
    SET cmd = CONCAT('curl
https://pubsub.pubnub.com/publish/demo/demo/0/mysql_triggers/0/%22',p1,',',p2,
',',p3,'%22');
    SET result = sys_eval(cmd);
END$$;
```

Abbildung 48: PubNub Push Message [43]

Beispielsweise einen INSERT-Datenbanktrigger erstellen: [43]
Die Message empfangen über JavaScript: [43]

```
<div id=pubnub ssl=on></div>
<script src="http://cdn.pubnub.com/pubnub.min.js"></script>
<script>
    (function(){
        var pubnub = PUBNUB.init({'subscribe_key' : 'demo', 'ssl' :
true});
        pubnub.subscribe({
            'channel' : 'mysql_triggers',
            'callback' : function(mysql_trigger_details) {
                alert(mysql_trigger_details);
            }
        });
    })();
</script>
```

Abbildung 50: Push Message empfangen [43]

Man kann aber mittels Trigger auch Grenzwerte im Auge behalten, und wenn Grenzwerte über- bzw. unterschritten werden, eine Benachrichtigung am Bildschirm anzeigen oder die Über- bzw. Unterschreitung in einer Datei mitprotokollieren. Aktuell werden die Grenzwerte im Prototyp nicht verwendet und sind auch nicht notwendig, aber vielleicht sind sie für zukünftige Erweiterungen interessant. Ein Datenbanktrigger kann auch als Zugriffschutz verwendet werden, indem er, bevor ein User eine Aktion ausführt, die Daten verändert, prüft, ob der Benutzer zu dieser Aktion berechtigt ist. Der Trigger kann also auch als Erweiterung der SQL-Rechteverwaltung verwendet werden. Eine mögliche Erweiterung des aktuellen Modells könnte zum Beispiel folgendermaßen aussehen:

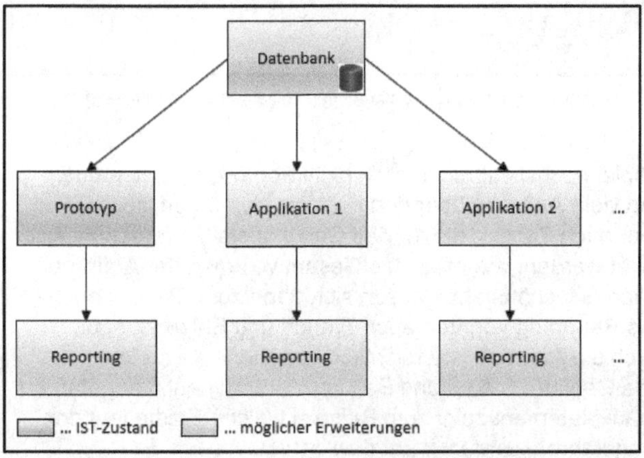

Abbildung 51: Mögliche Erweiterungen vom bisherigen Modell

Aktuell beinhaltet das Modell nur die Datenbank und den Prototyp der Webplattform. Zukünftige Programme könnten einfach auf die Datenbank zugreifen und so neue Daten einfügen oder bestehende Daten verändern, abrufen oder löschen. Die zukünftigen Programme werden in diesem Bild als „Applikation 1" und „Applikation 2" dargestellt. Zusätzlich zu den Programmen könnte man noch ein Reporting implementieren, das die Änderungen der Daten (INSERT, UPDATE und DELETE in der SQL-Datenbank) aufzeichnet. Das Reporting bietet aber noch viel mehr Möglichkeiten, wie etwa den Aufruf und die Ausgabe von statistisch interessanten Daten. Ohne die Digitalisierung der einzelnen Prozesse wären solche Daten nicht, beziehungsweise nur mit viel Aufwand aufrufbar. Das Reporting kann zum Beispiel Auskunft darüber geben, wer die besten Kunden und Frächter sind. Es können aber auch mögliche Abwerbungen von Kunden erkannt werden. Wenn ein Kunde zum Beispiel früher oft Aufträge erstellt hat, in letzter Zeit aber kaum mehr Aufträge erteilt, könnte man das neue Verhalten hinterfragen und so einer möglichen Abwerbung der Konkurrenz entgegenwirken. Das folgende Datenbank-Statement zeigt zum Beispiel wie viele Aufträge der Kunde „Haribo" pro Jahr bereits ausführen hat lassen über den Prototyp: `select year(Auftrag.LADETERMIN) as Financial_Year,count((Auftrag.LADETERMIN)) as Auftrag_Count from Kunde JOIN Auftrag ON Auftrag.KUNDE_KUNDEID = Kunde.KUNDEID WHERE Kunde.BEZEICHNUNG = 'Haribo' group by year(Auftrag.LADETERMIN)`

Die folgende Abbildung zeigt das Ergebnis vom oben genannten SQL-Statement und zeigt wie das Ergebnis in einem Report präsentiert werden könnte:

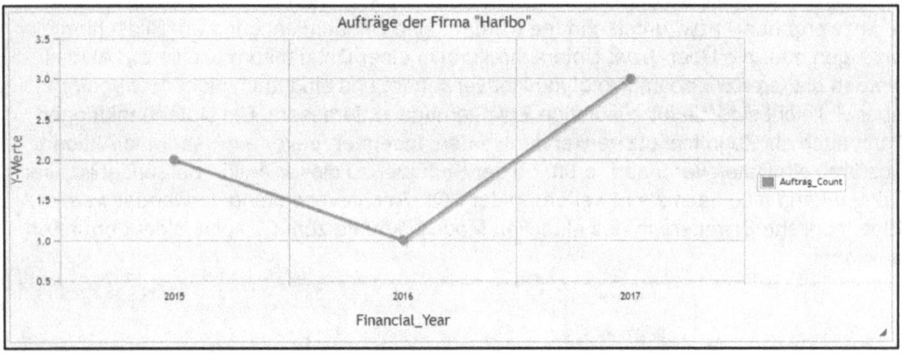

Abbildung 52: Beispielhafter Auszug aus dem Reporting, der die Aufträge einer Firma pro Jahr zeigt

Dieser Kunde wurde zum Beispiel höchstwahrscheinlich nicht abgeworben, denn der Kunde hat im aktuellen Jahr so viele Aufträge über den Prototyp ausführen lassen, wie noch nie zuvor. Es können aber auch Zahlen, die für das Geschäftsjahr interessant sind, ohne großen Aufwand abgeleitet werden, wie etwa das Gesamtvolumen der Aufträge. Aus diesen Zahlen der einzelnen Geschäftsjahre lassen sich dann zum Beispiel auch Prognosen ableiten. Durch das Reporting könnten auch Trends und Entwicklungen schneller erkannt werden. Durch die Aufträge ist ersichtlich, welche Branche im Kundenkreis boomt und welche Gebiete, Städte und Ballungszentren häufig angefahren werden. Das folgende Datenbankstatement zeigt zum Beispiel welche Städte laut den Aufträgen besonders häufig angefahren werden: `SELECT ANLIEFERSTELLEORT as Zielort_der_Lieferungen,count((ANLIEFERSTELLEORT)) as Anzahl_der_Lieferungen FROM Auftrag group by ANLIEFERSTELLEORT`

Im Report könnte man das Ergebnis vom eben erwähnten Datenbankstatement zum Beispiel so darstellen:

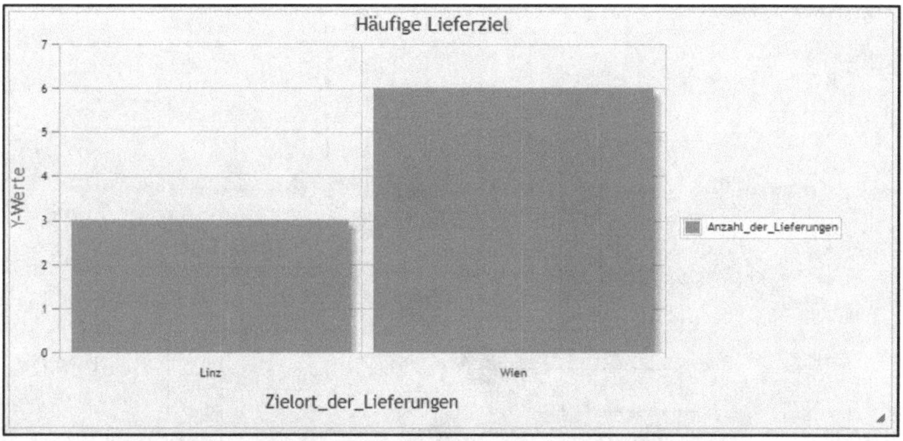

Abbildung 53: Beispielhafter Auszug aus dem Reporting, häufige Lieferziele

Auch aus diesen Daten kann man einen Nutzen ziehen, Prognosen ableiten und entsprechende Vorkehrungen treffen. Eine Vorkehrung wäre zum Beispiel, neue Kooperationen mit Frächtern eingehen, die in einem Gebiet tätig sind, das für die Kunden interessant ist oder immer mehr an Bedeutung gewinnt.

Neben der Erweiterung vom Prototyp und der Implementierung zukünftiger Programme, die auf den Daten des Prototyps basieren, wird die Firma Schachinger Logistik Holding GmbH auch die Umsetzung der im Kapitel sieben vorgestellten weiteren Möglichkeiten zur Digitalisierung prüfen. Vor allem die Drohnen, die Ladungsidentifikation und Objektverfolgung, die prädiktive Analyse und Wartung sowie die selbstfahrenden Landfahrzeuge könnten interessant für den Paketdienst des Spediteurs sein.

Das folgende Kapitel soll zeigen welche weiteren Technologiekonzepte in der Logistikbranche existieren und weitere Vorteile, durch die Digitalisierung, bringen können. Einige vielversprechende Konzepte wie Drohnen, Smart Glasses, prädikative Analyse und Wartung sowie selbstfahrende Landfahrzeuge werden vorgestellt.

7. Weitere Möglichkeiten zur Digitalisierung

Dieses Kapitel gibt einen Überblick über weitere Technologien die im Zuge der Digitalisierung in der Logistik ebenfalls realisiert werden könnten. Fünf Technologien werden näher beleuchtet.

Bei der nachfolgenden Grafik wurden 26 Technologiekonzepte in der Logistik in sechs Bereiche untergliedert. Die einzelnen der sechs Teilbereiche wurden farblich verschieden gekennzeichnet. Weiters wurden diese Konzepte anhand des Umsetzungsstandes und der Relevanz des Technologiekonzeptes eingeordnet. Der Kreisdurchmesser bezieht sich auf das künftige Wachstum eines Konzeptes, umso größer der Kreis, umso mehr Unternehmen werden dieses Technologiekonzept vorraussichtlich implementieren. [44]

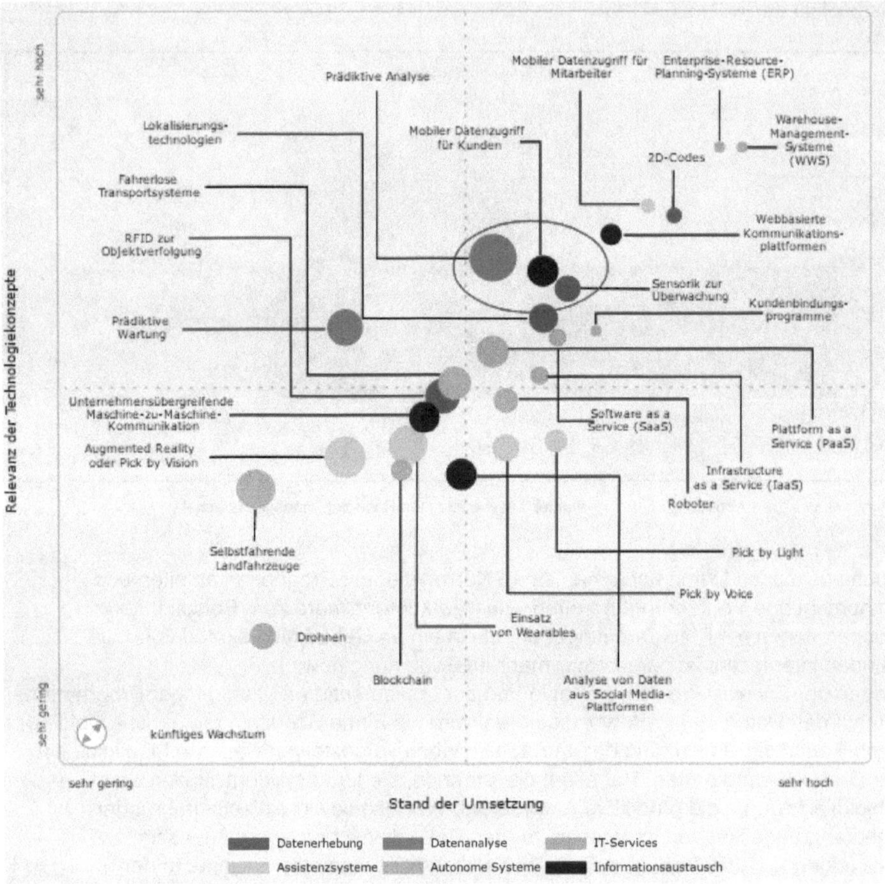

Abbildung 54: Stand der Umsetzung und Relevanz der Technologiekonzepte [47]

Die Webplattform, die im Zuge dieser Masterarbeit entwickelt wurde, deckt die in der Abbildung erwähnten Punkte „Mobiler Datenzugriff für Kunden“, „Mobiler Datenzugriff für Mitarbeiter“ und „Webbasierte Kommunikationsplattformen“ ab. Diesen Punkten wird eine hohe Relevanz der Technologierkonzepte und ein hoher Stand der Umsetzung attesiert [47].
In weiterer Folge werden nun fünf vielversprechende Konzepte vorgestellt, die für ein Logistikunternehmen entscheidende Vorteile durch die Digitalisierung bringen können.

7.1. Augmented Reality und Smart Glasses

Generell kann man sagen, dass der Einsatz von Smart Glasses und sogenannten Augmented-Reality (AR)-Lösungen zu den vielversprechenden Trends im Zuge der Digitalisierung der Logistikprozesse zählt. Diese Annahme wird durch die nachfolgenden Anwendungsbeispiele aus der Wirtschaft untermauert.

Das Unternehmen Bechtle startet als größtes deutsches IT-Systemhaus in deren Logistikzentrale mit dem Einsatz einer Augmented-Reality (AR)-Lösung mit Datenbrillen - sogenannten Smart Glasses. Dieses Projekt wurde von Bechtle in Zusammenarbeit mit dem Konzern SAP abgewickelt. Mit der Umsetzung dieser Lösung bildet Bechtle eine Grundlage für weitere geplante Anwendungsfelder der Datenbrillen und ermöglichen erstmals eine "Hands-free Picking"-Kommissionierung in deren Logistikzentrum. Für Bechtle war die Einführung einer AR-Lösung der erste Schritt zur Logistik der Zukunft. Im Gegensatz zu den bisher oft eingesetzten Handheldscannern hat man bei der Kommissionierung mit Smart Glasses beide Hände frei, bekommt benötigte Informationen (zum Beispiel Lagerplätze oder auszugebenden Mengen) im Sichtfeld eingeblendet, kann eine blickgeführte Scan-Funktionalität nutzen und auch die einzelnen Kommissionierungsschritte mittels Spracherkennung bestätigen. Alle diese Funktionen ermöglichen es, Vorgänge schneller und fehlerfreier durchzuführen. Aufgrund der positiven Auswirkungen des Einsatzes der Datenbrillen plant Bechtle, diesen weiter auszurollen. Auch der Vorstandsvorsitzende der Bechtle AG weist auf die Verbesserung der betrieblichen Wertschöpfungsprozesse durch die Digitalisierung der Logistikprozesse hin. [45]

Auch das Unternehmen Bosch zeigt mit einem Erfahrungsbericht eines Pilotprojektes, dass sich die Nutzung der Datenbrillen positiv auf die Arbeiten im Lager auswirkt. Vor dem Beginn des Pilotprojektes bei Bosch wurden 33 mögliche Business Cases für die Nutzung der Datenbrillen eruiert. Die wichtigsten Vorteile, die durch den Einsatz von Datenbrillen bei Bosch generiert werden konnten, sind das Senken der Fehlerrate und Reduktion der Anzahl der benötigen Desktop-PCs durch das Arbeiten mittels zwölf "hands-free"-Prozessen. Jedoch wurden auch Schwachpunkte, die noch optimiert beziehungsweise behoben werden mussten, im Zuge des Pilotprojektes ermittelt. Zu diesen Optimierungspotenzialen zählten die kurze Akkudauer der Brillen, Nutzer mit Sehhilfen hatten Probleme beim Lesen der Arbeitsanweisungen am Datenbrillendisplay und die permanent aktive Kamera der Datenbrillen könnte zum Überwachen der Arbeit der Logistikmitarbeiter genutzt werden. [46]

Dass sich der Schritt zu Smart Glasses in der Logistik rentieren kann, zeigen Tests der Firma Deutsche Post DHL. Das Unternehmen konnte durch den Einsatz von AR-Anwendungen, in Form von Smart Glasses, eine Effizienzsteigerung von 25 Prozent in der Kommissionierung erreichen. Aufgrund der guten Ergebnisse plant das Unternehmen nun, auch in anderen Bereichen AR-Anwendungen einzusetzen. [47]

In der folgenden Abbildung wird ein Anwendungsbeispiel der Firma „evolaris next level GmbH“ vorgestellt. Anhand der Abbildung kann man sehr gut die Verschmelzung zwischen realer und virtueller Welt mit Hilfe einer Smart Glass erkennen. In diesem Beispiel wird mit Hilfe der integrierten Kamera in der Smart Glass die Maschine identifiziert und relevante Informationen in dem Blickfeld des Mitarbeiters in Echtzeit eingeblendet. Optional kann auch ein direkter Kontakt mit einem Experten hergestellt werden, der den Arbeiter bei seiner Tätigkeit unterstützen kann. Zusätzlich können die Tätigkeiten auch dokumentiert und gespeichert werden. [2]

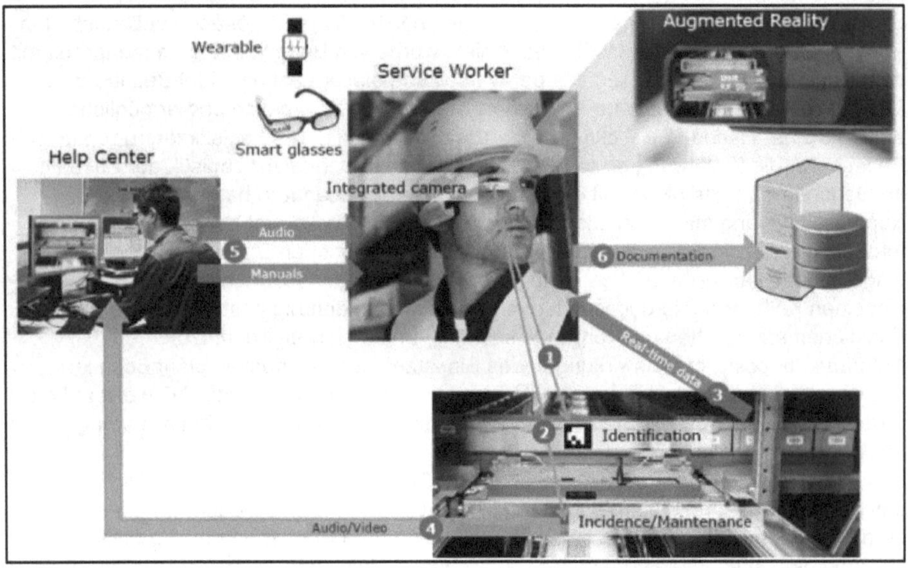

Abbildung 55: Beispiel für ein Smart Glasses Assistenzsystem [2]

7.2. Drohnen

Schon seit einigen Jahren recherchiert das Online-Versandhaus Amazon im Bereich der Warenauslieferung mittels Drohnen. Es wurden auch bereits Versuche mit Paketdrohnen durchgeführt. Solche Drohnen fliegen in einer Höhe von circa 120 Metern und können bis zu 24 km Distanz hinter sich bringen. Ziel von diesem Versandhandel ist es, ein Lieferservice "Prime Air" anzubieten, mittels dieses Services sollen bestellte Waren innerhalb 30 min ausgeliefert werden. Amazon entwickelt nicht nur eine Drohnenart, sondern eine ganze Familie an Drohnen für verschiedene Umgebungen und mit der Fähigkeit, anderen Objekten auszuweichen. Jedoch ist Amazon nicht das einzige Unternehmen, welches sich mit der Warenauslieferung mittels Drohnen beschäftigt. Auch die Deutsche Post, Google oder der Konzern Wal-Mart versuchen, Waren mittels Drohnen zu liefern. Natürlich muss man beim Fliegen mit Drohnen auch viele Gefahren, wie zum Beispiel die Wetterbedingungen, Gewicht der zu transportierenden Pakete oder andere fliegende Objekte, beachten. [48]
Weitere Gründe, die einen vermehrten Einsatz von Drohnen hemmen, sind der sehr hohe Energiebedarf und die Sicherheitsbedenken bezüglich der Gesundheit der Menschen.
Das Fraunhofer-Institut für Materialfluss und Logistik IML hat eine eigene eher unkonventionelle aber durchaus gut durchdachte Drohne entwickelt, die die oben erwähnten Hemmnisse abbauen soll. Die entwickelte Drohne können nicht nur zur Warenauslieferung verwendet werden, sondern zum Beispiel auch zum inner- und außerbetrieblichen Transport. Das Besondere an dieser Drohne, die den Namen „Bin:Go“ trägt, ist, dass die Drohne von Streben umschlossen ist und die Form eines Balles aufweist. Die Kugelform erlaubt es der Drohne, sich größtenteils rollend

fortzubewegen, was den Vorteil hat, dass diese Fortbewegungsform deutlich energieeffizienter ist. Nur, wenn es unumgänglich ist, fliegt die Drohne. Die Streben, die aus einem 3D-Drucker stammen, bieten die Möglichkeit, die Rotoren der Drohne, die Lieferung und die Menschen zu schützen. Die Konstruktion der Drohne ermöglicht es somit eine ungehinderte Zusammenarbeit zwischen Menschen und Drohnen, ohne Verletzungen oder Schäden riskieren zu müssen. Die 1500 Gramm schwere Drohne kann kleine und leichte Güter die bis zu 700 Gramm wiegen transportieren [49, p. 2]. Neben dem sicheren und energieeffizienten Prozessablauf sind die Flexibilität, der geringe Wartungsaufwand und die Skalierbarkeit weitere Vorteile dieser Technologie. [50]

Abbildung 56: Anwendungsszenario für die rollende Transportdrohne „Bin:Go“ [52, p. 2]

7.3. Ladungsidentifikation und Objektverfolgung

Im Logistikbereich nimmt die Telematik eine wichtige Rolle ein, wenn eine Ladungsidentifikation oder eine Objektverfolgung realisiert werden soll. Diese Technik stellt eine Verbindung zwischen der Telekommunikation und der Informatik dar. Mittels dieser Technik ist es nicht nur möglich, den Lastkraftwagen, der Ware transportiert, zu verfolgen, sondern auch die Produkte, die das Fahrzeug transportiert. Viele Logistikzenten und Lager benutzen derzeit bereits Lösungen, die auf Radiofrequenz-Identifikation (RFID) oder Barcode Tracking aufsetzen. Durch dieses Tracking ist es möglich, ein Produkt während des Wertschöpfungsprozesses im Unternehmen und danach auch auf dem Transportweg zu verfolgen. Dieser Prozess wird auch in der folgenden Abbildung grafisch dargestellt. [51]

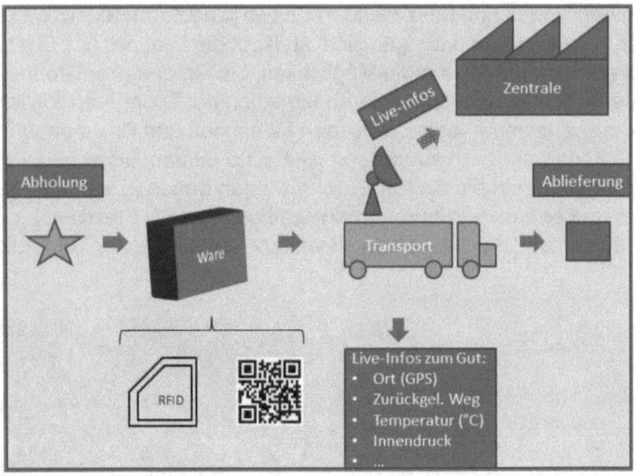

Abbildung 57: Ladungsidentifikation mit Hilfe von RFID oder Barcode [54]

Solche Technik ist gerade im Bereich des Transportes von verderblichen Gütern von Vorteil. Die Überwachung dieser Transporte ermöglicht es, bei Abweichungen, zum Beispiel bei der vorgeschriebenen Umgebungstemperatur oder einem Überschreiten von Verarbeitungszeiträumen, frühzeitig in den Prozess einzugreifen und die Produkte nicht an den Verkauf zu übergeben. [51]
Vor allem die Radiofrequenz-Identifikation (RFID) findet immer mehr Anwendung in Logistikprozessen. Herzstück der Technologie ist ein Transponder mit einer Antenne. Der Computerchip ist in einem Klebeetikett eingebettet und erlaubt eine berührungslose Identifizierung über ein Funksignal. Neben der Ladungsidentifikation und der Objektverfolgung beschleunigt die Technologie auch den Wareneingang und den Warenausgang, da das Einscannen vom Barcode und manuelle Zählungen entfallen. Die Waren können einfach, ohne zeitlichen Aufwand, digitalisiert werden und vom Warenwirtschaftssystem kontrolliert werden. Außerdem lassen sich Fehler im Prozessablauf schnell erkennen und beheben. Produzenten von Konsumgütern profieren ebenfalls von RFID, denn dadurch kann die Kapazitätsplanung effizienter gestaltet werden und Lieferengpässe unterbunden werden. [52]

7.4. Prädiktive Analyse und Wartung

Eine Kernerkenntnis in Bezug auf innovative Technologiekonzepte der Studie „Trends und Strategien in der Logistik und Supply Chain Management“ von Kersten et al. [44] ist, dass prädikative Analysen und die Verwendung von künstlicher Intelligenz großes Potenzial für die Optimierung von Prozessen in der Logistikbranche birgt. Die prädiktive Analyse basiert auf Data Mining und besitzt laut Gartner vier Attribute [53]:

- Schwerpunkt auf Vorhersage
- Schnelle Analyse im Bereich von Stunden oder Tagen
- Die daraus gewonnenen Erkenntnisse haben einen betriebswirtschaftlichen Schwerpunkt
- Benutzerfreundliche Werkzeuge, die auch für Geschätskunden zugänglich sind.

Mit anderen Worten, durch die gesammelten Daten von ausgeführten Aktionen, die aus verschiedenen Richtungen analysiert werden, sollen Rückschlüsse auf die aktuelle Situation gezogen und zukünftige Ergebnisse prognostiziert werden [54].
Die prädiktive Analyse wird zum Beispiel bereits beim Paketdienstleister DPD Dynamic Parcel Distribution GmbH & Co. KG eingesetzt. Der Dienstleister nutzt die Analyse, um Zustellzeitpunkte genauer vorherzusagen. Auf diese Weise reduziert sich die Wartezeit von privaten Empfängern. Vor der Auslieferung können Kunden definieren, wann und wo sie die Lieferung entgegen nehmen wollen, auf diese Weise sollen teure erfolglose Zustellversuche vermieden werden. Zusätzlich können Kunden ihre Lieferung online verfolgen und bekommen am Zustelltag eine SMS, die den Kunden nochmals über die Auslieferung und den voraussichtlichen Lieferzeitpunkt informieren. [55]
Eine Prognose, wieviel Zeit eine Auslieferung in Anspruch nimmt, lässt sich über bereits gesammelte Daten abgeben. Dabei werden unter anderem die Wetterverhältnisse und der Verkehr berücksichtigt. [56]
Die prädiktive Wartung hat hingegen die Aufgabe, unvorhergesehene Ausfälle beim Transport zu senken und die vorhandene Verkehrsinfrastruktur möglichst gut auszunutzen. Denn solche Ausfälle sind nicht nur für den Kunden ärgerlich, sondern sie können auch weitere Abläufe und Planungen negativ beeinflussen. Die Basis der prädiktiven Wartungen bilden auch in diesem Fall Sensoren, die Maschinen und Fahrzeuge überwachen. Die Daten der Sensoren werden von einer Software analysiert und somit Schäden schnell erkannt, bevor es zu Ausfällen von Fahrzeugen oder Maschinen kommt. Auf diese Weise lassen sich Wartungsarbeiten besser planen. [57]

7.5. Selbstfahrende Landfahrzeuge

Das Technologiekonzept „Selbstfahrende Landfahrzeuge" ist ein Konzept, das langfristig gesehen eine hohe Implementierungswahrscheinlichkeit bei den Unternehmen aufweist [44]. Ein Vorteil, den die Umsetzung dieses Konzeptes bringt, ist die Unabhängigkeit von der Verfügbarkeit von qualifizierten Berufskraftfahrer [58]. Qualifiziertes Personal ist in diesem Bereich schwer zu finden, weil das durchschnittliche Gehalt von 2000 Euro im Monat verhältnismäßig gering ausfällt und hohe Kosten, die in der Größenordnung von rund 10 000 Euro liegen, für die benötigten Qualifikationen anfallen [58]. Hinzu kommt, dass die Kosten für die Qualifikationen zum Teil aus der eigenen Tasche bezahlt werden müssen [58]. Ein weiterer großer Vorteil ist die Sicherheit [59]. Viele Unfälle gehen auf Fahrfehler wie überhöhte Geschwindigkeit, zu geringer Sicherheitsabstand oder Abbiegefehler zurück [59]. Ein autonomes Fahrzeug könnte diese Fahrfehler reduzieren und somit für mehr Sicherheit auf den Straßen sorgen [59].
Erste Konzepte und Umsetzungen gibt es bereits in diesem Bereich. Die Daimler AG hat im Mai 2015 den ersten autonomen Lastkraftwagen mit einer Straßenzulassung vorgestellt. Der LKW mit den Namen „Inspiration Truck" darf nun dank der Zulassung am öffentlichen Verkehr des US-Bundesstaates Nevada teilnehmen. [60]
Es gibt aber auch einige Unternehmen, die sich mit der Nachrüstung von bestehenden LKWs beschäftigen, wie etwa das Start-up Otto. Im Oktober 2016 hat das Unternehmen aus San Francisco die erste vollständig autonome LKW-Lieferung der Welt absolviert. Dabei wurde eine Lieferung von 50 000 Dosenbier von Fort Collins, Colorado in das 120 Meilen entfernte Colorado Springs überstellt. Die Lieferung erfolgte mit einem Volvo-

Truck, der mit Hardware und Software im Wert von 30 000 Dollar ausgestattet wurde. [61]
In geschlossenen Umgebungen wie einem Firmengelände, in Lagern oder in Häfen kommen fahrerlose Fahrzeuge schon seit Jahren zum Einsatz. Allerdings kommen diese fahrerlosen Fahrzeuge, die unter den Begriff „Fahrerlose Transportsysteme" (FTS) zusammengefasst werden, unter speziellen Randbedingungen zum Einsatz. Sie unterstützen die Mitarbeiter nicht nur beim Transport von Gegenständern, sondern sie können auch im Bereich der Kommissionierung unterstützend agieren. [44]
Trotz der bereits beachtlichen Fortschritte auf dem Gebiet des autonomen Fahrens gibt es noch technische Herausforderungen und ungeklärte rechtliche Bedingungen in den meisten Ländern die einen größeren Einsatz der Technologie verhindern [62].

8. Zusammenfassung

Zu Beginn der Arbeit wurde das Konzept vom Physical Internet vorgestellt, weil die Implementierung vom Prototyp der Webplattform und die Offenheit und Erweiterbarkeit des Systems ein Schritt Richtung Physical Internet sein soll. Das „Physical Internet" lässt sich als ein Konzept für ein einheitliches, effizientes, nachhaltiges und weltweites System für den Gütertransport beschreiben. Anschließend wurden ähnliche Arbeiten und existierende Logistiksoftware vorgestellt, um dem Leser einen Überblick über die bereits realisierten Arbeiten und die bereits existierenden Softwarelösungen auf dem Gebiet zu verschaffen.
In weiterer Folge wurde der Ablaufprozess der Firma Schachinger Logistik Holding GmbH analysiert, der abgearbeitet wird, um einen Transportauftrag zu erledigen. Außerdem wurde erläutert, warum eine Digitalisierung einzelner Prozessschritte sinnvoll ist. Hauptgründe hierfür sind der leichtere Datenaustausch mit Transportdienstleistern und Kunden, sowie die einfachere und effizientere Ausführung der Tätigkeiten durch die Reduzierung der unterschiedlichen Kommunikationsformen und Programme. Ein weiterer Grund ist eine nachhaltigere Arbeitsweise, die weniger Papier beansprucht. Weiters wurden die bestehenden Logistikprogramme analysiert, da aber keines der vorgestellten Logistikprogramme die Anforderungen hinsichtlich Offenheit, Erreichbarkeit, Funktionalität, Usability und Design vollends erfüllen konnte, wurde eine eigene Lösung in Form eines Prototyps präferiert. Auf diese Weise können alle Wünsche und Anforderungen voll und ganz umgesetzt werden und auch spätere Änderungswünsche sind problemlos umsetzbar.
Die Anforderungen an den Prototypen zeigen, dass eine Benutzerverwaltung implementiert werden sollte und der Prototyp von unterschiedlichen Geräten aufrufbar sein musste. Der Prototyp soll allen drei Rollen (Mitarbeiter, Kunde und Transportdienstleister) die notwendigen Funktionen zur Verfügung stellen, um den Prozess des Transportauftragswesens abarbeiten zu können, und einfach zu bedienen sein. Ein ansprechendes Design gemäß den Vorgaben der Firma Schachinger Logistik Holding GmbH war eine weitere Anforderung. Außerdem sollte die Webplattform, wie bereits oben erwähnt, offen und erweiterbar sein. Auch eine automatische Bewertung von Frächtern, eine automatische Emailbenachrichtigung für Transportdienstleister, denen ein Transportauftrag zugewiesen wird, und eine automatische Lademittelzuordnung für Paletten wurde gefordert. All die gewünschten Anforderungen konnten mit Hilfe des Prototyps der Webplattform umgesetzt. Nachfolgend wurde die Grobarchitektur und das Datenbankmodell, das sich aus den Datenbanktabellen

Benutzer, Rolle, Kunde, Lademittel, Lademitteltransaktion, Lademittelzuordnung, Standort, AuftragDisposition, Auftrag, Auftragstatus, Tour, AuftragTourZuordnung, Relation, Transportdienstleister, RelationZuordnung, Bewertung, TAStatus, LKWTyp und Transportauftrag zusammensetzt, vorgestellt. Die implementierten Funktionen und die dazugehörigen Eingabemasken und Formulare wurden als nächstes dokumentiert. Dabei wurde der Prototyp einmal aus der Kundensicht, dann aus der Frächtersicht und dann aus der Spediteursicht beschrieben. Das ist notwendig, weil jede Rolle andere Funktionen, Eingabemasken und Formulare besitzt. Abschließend wurden die automatisierten Funktionen der Webplattform vorgestellt.
Danach wurde begründet, weshalb die verwendeten Technologien und Werkzeuge zum Einsatz kamen. Die Java-Technologie wurde verwendet, weil sie es erlaubt, sowohl Backend als auch Frontend mit nur einer Technologie umzusetzen. Das hat zur Folge, dass die Umsetzung einfacher ist, das Programm leichter zu debuggen ist und keine Schnittstellen implementiert werden müssen. Beim Java Web Framework wurde das Vaadin Framework verwendet, weil der Prototyp somit automatisch ein anpassbares Design verwendet und auch auf mobilen Geräten lauffähig ist. Darüber hinaus kann man Vaadin mit einer Vielzahl von Plug-Ins erweitern, und es können vorgefertigte Designs, sogenannte Valo Themes verwendet werden und individuell angepasst werden. Das Programmierwerkzeug Eclipse wurde verwendet, weil es kostenlos, offen, erweiterbar und sehr anpassungsfähig ist. XAMPP wurde als Programmpaket verwendet, weil es ebenfalls kostenlos, einfach einzurichten und sehr flexibel ist. Außerdem beinhaltet es alle notwendigen Webserver-Tools. Anschließend wurde noch anhand eines Beispiels erklärt, wie man den Prototyp erweitern könnte und zusätzliche Applikationen einbinden könnte. Auch die Erweiterung um ein Reporting wurde diskutiert und als sinnvoll befunden. Die Beschreibung der Technologiekonzepte „Augmented Reality und Smart Glasses", „Drohnen", „Ladungsidentifikation und Objektverfolgung", „Prädikative Analyse und Wartung" und „Selbstfahrende Landfahrzeuge" am Ende der Arbeit zeigten weitere Möglichkeiten zur Digitalisierung in der Logistikbranche auf.

8.1. Persönliches Fazit

Zusammenfassend kann man sagen, dass die Masterarbeit alle erarbeiteten Forschungsfragen beantwortet, abgesehen von der Forschungsfrage, die sich mit dem Nutzen des Prototyps beschäftigt. Da der Prototyp noch nicht über einen Server zugänglich ist, konnten noch nicht ausreichend Testergebnisse generiert werden, zum Zeitpunkt der Verschriftlichung. Deshalb kann leider auch noch keine konkrete Aussage bezüglich des Nutzens getroffen werden. Mein persönliches Empfinden ist jedoch, dass der Prototyp durchaus gelungen ist und ein großes Nutzenpotential birgt. Denn durch den Prototyp werden die notwendigen Kommunikationsformen die im aktuellen Prozess vom Transportbeauftragungswesen verwendet werden stark reduziert und die Abstimmung mit Kunden und Frächter ist einfacher, weil alle Beteiligten dasselbe System und dieselben Daten nutzen. Natürlich gibt es aber auch noch ausreichend Potential für Verbesserungen und Erweiterungen, wie die bisherigen Erfahrungswerte und Testergebnisse mit dem Prototyp und das sechste Kapitel gezeigt haben. Vor allem, das Hashen der Userpasswörter ist noch ein wichtiger Punkt, der umgesetzt werden sollte, bevor der Prototyp in der Praxis verwendet wird. Mögliche Lösungsansätze wurden bereits am Ende des fünften Kapitels vorgestellt. Ein weiterer wichtiger Punkt

sind die ausführlichen Tests vom Prototyp, die notwendig sind um Schwachstellen und sinnvolle Anpassungen und Erweiterungen identifizieren zu können.
Meiner Meinung nach werden immer mehr Unternehmen, die in der Logistikbranche tätig sind, auf offene Systeme umsteigen, um die Kooperation mit allen im Prozess involvierten Beteiligten zu verstärken. Die Verwendung eines offenen Systems, wie auch der Prototyp eines ist, und die damit einhergehende effizientere und einfachere Kommunikation zwischen den Beteiligten, kann sich meiner Meinung nach durchaus als Wettbewerbsvorteil gegenüber der Konkurrenz herausstellen. In Abbildung 1 dieser Arbeit ist ersichtlich, dass auch die Experten der Studie „Industrie 4.0 und ihre Auswirkungen auf die Transportwirtschaft und Logistik" die zunehmende Bedeutung von Kooperationen als große Chance, in der Logistiksparte ansehen.

9. Liste der Abbildungen

10. Referenzen

[1] Anita Staudacher, “Was heißt eigentlich ..? Industrie 4.0.” [Online]. Available: https://kurier.at/wirtschaft/was-heisst-eigentlich-industrie-4-0/139.626.631. [Accessed: 17-Sep-2017].

[2] W. Lueghammer, W. Schachinger, W. Schwarzbauer, M. Dieplinger, and S. Kummer, “Industrie 4.0 und ihre Auswirkungen auf die Transportwirtschaft und Logistik.” [Online]. Available: https://www.bmvit.gv.at/innovation/publikationen/verkehrstechnologie/downloads/ind4log.pdf. [Accessed: 11-Jun-2017].

[3] A. Backhaus, W.-R. Bretzke, and A. Froschmayer, “Logistik im Spannungsfeld der Politik: Auswirkungen auf die Entwicklung in 2017.” [Online]. Available: https://www.agiplan.de/fileadmin/pdf_dokumente/LogistikSpannungsfeld_2017_komplett.pdf. [Accessed: 11-Jun-2017].
[4] M. Hanke, K. van Marwyk, and S. Treppte, “2016 logistics study on digital business models,” *Roland Berger*. [Online]. Available: https://www.rolandberger.com/de/Publications/pub_2016_logistics_study_on_digital_business_models_switzerland.html. [Accessed: 23-Aug-2017].
[5] Software AG, “Software AG Pressemitteilungen: Digitalisierung birgt enormes Potential.” [Online]. Available: http://www2.softwareag.com/at/company/press/dyn_press.aspx?id=tcm:308-148756. [Accessed: 23-Aug-2017].
[6] Wiedmann & Winz GmbH, “Der vernetzte Lkw: Digitalisierung in der Logistik » Wiedmann & Winz Power Logistics – Spedition und Logistik.” [Online]. Available: http://www.wiedmann-winz.de/2015/10/6639-der-vernetzte-lkw-digitalisierung-in-der-logistik/. [Accessed: 28-Sep-2017].
[7] WEKA Industrie Medien GmbH, “Deshalb investiert Scania eine 7-stellige Summe in eine digitale Spedition,” 13-Jul-2017. [Online]. Available: https://dispo.cc/a/deshalb-investiert-scania-eine-7-stellige-summe-in-eine-digitale-spedition. [Accessed: 28-Sep-2017].
[8] “Physical Internet,” *Logistik KNOWHOW*, 09-Apr-2015. .
[9] B. Montreuil, “Physical internet manifest,” 10:50:46 UTC.
[10] B. Montreuil, “Toward a Physical Internet: meeting the global logistics sustainability grand challenge,” *Logist. Res.*, vol. 3, no. 2–3, pp. 71–87, 2011.
[11] R. Vandenhouten and M. Selz, “Prototyp eines mobilen Warenausgangs-und Liefersystems,” *Wiss. Beitr.*, p. 90, 2004.
[12] T. Frierk, “Entwicklungsperspektiven von Arbeitsprozessen in Produktion und Logistik vor dem Hintergrund fortschreitender Digitalisierung,” 2016.
[13] X. Hu, D. An, P. Cui, and H. Cao, “Methodology of Building Integrated Platform for Logistics Planning,” in *Automation and Logistics, 2007 IEEE International Conference on*, 2007, pp. 2530–2534.
[14] SWAN GmbH, “SWAN GmbH - SAP Logistik für SAP EWM / MFS / LES | 3D Emulation,” *SWAN GmbH*. [Online]. Available: http://www.swan.de/sap-logistik/. [Accessed: 17-Sep-2017].
[15] Soloplan GmbH, “Speditionssoftware, Logistiksoftware, Transportmanagementsystem,” *Speditionssoftware, Logistiksoftware - Software für Logistik und Planung - Soloplan*. [Online]. Available: https://www.soloplan.de/. [Accessed: 22-Sep-2017].
[16] Wolters Kluwer Transport Services GmbH, “Transwide: Online Transportmanagement-System, komplettes TMS Software.” [Online]. Available: https://www.transwide.com/de. [Accessed: 22-Sep-2017].
[17] Gehr GmbH, “Gehr Speditionssoftware | Software für Spedition und Transport, Branchensoftware.” [Online]. Available: https://www.gehr-gmbh.de/. [Accessed: 22-Sep-2017].
[18] Fortigo GmbH, “FORTIGO: Logistik Software für Spedition, Lager, LKW GPS Tracking, uvam.” [Online]. Available: http://www.fortigo.at/. [Accessed: 22-Sep-2017].
[19] Trans-IT Ratzesberger, “Software für Speditionen und Transportunternehmer - LKW-Ortung, Bordcomputer, Telematik und Routing.” [Online]. Available: https://www.trans-it.at/. [Accessed: 22-Sep-2017].
[20] FUHRPARK Software GmbH, “FUHRPARK Software GmbH - Speditionssoftware für Transport und Logistik.” [Online]. Available: https://www.fuhrpark-software.de/. [Accessed: 22-Sep-2017].
[21] Computer Steiner GmbH, “Computer Steiner » CS-TRANSPORT.” .
[22] Logis IT GmbH, “Startseite,” *Logis IT GmbH*, 21-Feb-2017. .
[23] I. Göpfert, *Logistik der Zukunft-Logistics for the future*. Springer-Verlag, 2016.
[24] Schachinger Logistik Holding GmbH, “Home: Schachinger Logistik.” [Online]. Available: http://www.schachinger-logistik.com/. [Accessed: 21-Sep-2017].
[25] TimoCom Soft-und Hardware GmbH, “Wir-über-uns | TimoCom | Frachtenbörse - TimoCom.” [Online]. Available: https://www.timocom.de/TimoCom/Wir-über-uns. [Accessed: 28-Oct-2017].

[26] E. Hiller, "Transwide Appointment Scheduling Solutions," 07:52:14 UTC.
[27] Computer Steiner GmbH, "CS-TRANSPORT Handbuch." [Online]. Available: ftp://ftp.computer-steiner.at/Tools/Handb%FCcher/Handbuch.pdf.
[28] Vaadin Ltd., "Vaadin – User interface components for web apps," *vaadin.com*. [Online]. Available: https://vaadin.com/home. [Accessed: 17-Sep-2017].
[29] Oliver White, "Top 4 Java Web Frameworks Revealed: Real Life Usage Data of Spring MVC, Vaadin, GWT and JSF |," *zeroturnaround.com*, 06-Jan-2015. [Online]. Available: https://zeroturnaround.com/rebellabs/top-4-java-web-frameworks-revealed-real-life-usage-data-of-spring-mvc-vaadin-gwt-and-jsf/. [Accessed: 17-Sep-2017].
[30] DailyRazor, "Best Java Web Frameworks for 2017 - Spring MVC, Struts, Vaadin, Hibernate, GWT, etc.," *DailyRazor.com*, 30-Jan-2017. .
[31] Tina Steiger, "Entscheidung für ein passendes Web Application Framework | TIGER TECH TALK." .
[32] Oracle Corporation, "JavaServer Faces Overview." [Online]. Available: http://www.oracle.com/technetwork/java/javaee/overview-140548.html. [Accessed: 17-Sep-2017].
[33] Danny Falss, "JavaServer Faces - Fazit." [Online]. Available: http://www.fh-wedel.de/~si/seminare/ws06/Ausarbeitung/10.JavaServerFaces/jsf4.html#vorn. [Accessed: 17-Sep-2017].
[34] Simon Maple, "Java Web Frameworks: Decision Makers Guide," *zeroturnaround.com*, 05-Nov-2013. [Online]. Available: https://zeroturnaround.com/rebellabs/the-2014-decision-makers-guide-to-java-web-frameworks/11/. [Accessed: 17-Sep-2017].
[35] Google Inc., "Google Web Toolkit (GWT)." [Online]. Available: http://www.gwtproject.org/overview.html. [Accessed: 17-Sep-2017].
[36] Alejandro Duarte, "What are some pros and cons of Vaadin? - Quora." [Online]. Available: https://www.quora.com/What-are-some-pros-and-cons-of-Vaadin. [Accessed: 17-Sep-2017].
[37] Apache Friends, "XAMPP Installers and Downloads for Apache Friends." [Online]. Available: https://www.apachefriends.org/de/index.html. [Accessed: 18-Sep-2017].
[38] D. Miller, "jBCrypt - strong password hashing for Java." [Online]. Available: http://www.mindrot.org/projects/jBCrypt/. [Accessed: 08-Dec-2017].
[39] Vaadin Ltd., "Server Push - Vaadin Framework 8 | Vaadin 8 Docs," *Vaadin*. [Online]. Available: https://vaadin.com/docs/framework/advanced/advanced-push.html. [Accessed: 10-Dec-2017].
[40] TH Köln, Campus Gummersbach, "Datenbanken / Trigger und Datenbanktrigger | Datenbanken Online Lexikon." [Online]. Available: http://wikis.gm.fh-koeln.de/wiki_db/. [Accessed: 01-Nov-2017].
[41] Wikipedia, "Хэрэглэгч:Muug1," *Encyclopedia of Wikipedia*. 25-Apr-2017.
[42] Md. Marufuzzaman, "Overview of SQL Server database Triggers." [Online]. Available: https://www.codeproject.com/Articles/38808/Overview-of-SQL-Server-database-Triggers.
[43] PubNub Inc., "Can I publish a message via a database trigger? : PubNub Support." [Online]. Available: https://support.pubnub.com/support/solutions/articles/14000043795-can-i-publish-a-message-via-a-database-trigger-. [Accessed: 10-Dec-2017].
[44] W. Kersten, M. Seiter, B. von See, N. Hackius, and T. Maurer, "Trends und Strategien in Logistik und Supply Chain Management." [Online]. Available: https://logistiktrends.bvl.de/. [Accessed: 11-Jun-2017].
[45] SAP Deutschland SE & Co. KG, "Bechtle startet Einsatz von Smart Glasses," *SAP News Center*, 14-Jan-2016. [Online]. Available: https://news.sap.com/germany/bechtle-startet-einsatz-von-smart-glasses/. [Accessed: 20-Sep-2017].
[46] SAP Deutschland SE & Co. KG, "Bosch: Was Smart Glasses in der Logistik bringen," *SAP News Center*, 01-Dec-2014. [Online]. Available: https://news.sap.com/germany/bosch-smart-glasses-der-logistik-bringen/. [Accessed: 20-Sep-2017].

[47] N. Bradl, "Datenbrillen: DHL testet Augmented Reality im Lagerbetrieb," *LOGISTIK HEUTE*. [Online]. Available: http://www.logistik-heute.de/node/12550. [Accessed: 20-Sep-2017].
[48] Frankfurter Allgemeine Zeitung GmbH, "Luftpost: Amazon zeigt neue Lieferdrohne," *FAZ.NET*, 30-Nov-2015. [Online]. Available: http://www.faz.net/1.3939998. [Accessed: 20-Sep-2017].
[49] B. von Janczewski, "Ein »R2D2« für die Logistik - Fraunhofer IML," *Fraunhofer-Institut für Materialfluss und Logistik IML*. [Online]. Available: http://www.iml.fraunhofer.de/de/presse_medien/pressemitteilungen/ein_r2d2_fuer_die_logistik.html. [Accessed: 01-Oct-2017].
[50] P. Wrycza, "Bin:Go - Fraunhofer IML," *Fraunhofer-Institut für Materialfluss und Logistik IML*. [Online]. Available: http://www.iml.fraunhofer.de/de/abteilungen/b1/verpackungs_und_handelslogistik/forschungsprojekte/bingo.html. [Accessed: 01-Oct-2017].
[51] Steinbeis-Transferzentrum Telematik, "Ladungsidentifikation | Telematikwissen." .
[52] G. Wolfram, "Auf dem Weg zur Prozesskette der Zukunft—RFID in der Handelslogistik," *Beste Logist.*, pp. 113–119, 2008.
[53] Gartner, Inc., "Big Data Analytics - Predictive Analytics - Gartner Glossary." [Online]. Available: http://www.gartner.com/it-glossary/predictive-analytics/. [Accessed: 09-Oct-2017].
[54] C. Trippner, "Predictive Analytics in Produktion und Wartung: Data Mining & PMQ mit Daten aus dem IoT." [Online]. Available: https://www-01.ibm.com/events/wwe/grp/grp006.nsf/vLookupPDFs/16Q4%20SPSS%20Folien1%20Predictive%20Analytics%20in%20Produktion%20und%20Wartung/$file/16Q4%20SPSS%20Folien1%20Predictive%20Analytics%20in%20Produktion%20und%20Wartung.pdf. [Accessed: 09-Oct-2017].
[55] LOGISTIK HEUTE, "KEP-Dienste: Wie DPD mit Predictive Analytics Zeit und Geld spart." [Online]. Available: https://www.logistik-heute.de/Logistik-Magazin-LOGISITK-HEUTE/Artikel/Magazin-Ausgabe-11-2016/15830/KEP-Dienste-Wie-DPD-mit-Predictive-Analytics-Zeit-und-Geld. [Accessed: 09-Oct-2017].
[56] inet-logistics GmbH, "Wie die Logistik vom digitalen Wandel profitiert." [Online]. Available: http://newsroom.inet-logistics.com/de/inet-newsroom/unternehmen/logistik-digitalen-wandel/. [Accessed: 09-Oct-2017].
[57] U. Buhrmann, "Predictive Analytics optimiert Logistikketten | T-Systems." [Online]. Available: https://www.t-systems.com/de/de/branchen/ttl-digitalisieren/themen/predictive-analytics/predictive-maintenance-und-analytics-253568. [Accessed: 09-Oct-2017].
[58] P. H. Voß, *Logistik–eine Industrie, die (sich) bewegt: Strategien und Lösungen entlang der Supply Chain 4.0*. Springer, 2015.
[59] K. Joho, "Automatisiertes Fahren: Warum selbstfahrende Lkw bald durch Deutschland rollen." [Online]. Available: http://www.wiwo.de/technologie/auto/automatisiertes-fahren-warum-selbstfahrende-lkw-bald-durch-deutschland-rollen/12109060.html. [Accessed: 09-Oct-2017].
[60] Daimler AG, "Autonom durch Nevada: Freightliner Inspiration Truck." [Online]. Available: https://www.daimler.com/innovation/autonomes-fahren/freightliner-inspiration-truck.html. [Accessed: 09-Oct-2017].
[61] A. Davies, "Uber's Self-Driving Truck Startup Otto Makes Its First Delivery | WIRED." [Online]. Available: https://www.wired.com/2016/10/ubers-self-driving-truck-makes-first-delivery-50000-beers/. [Accessed: 09-Oct-2017].
[62] H. Flämig, "Autonomous Vehicles and Autonomous Driving in Freight Transport," in *Autonomous Driving*, Springer, 2016, pp. 365–385.

MIX
Papier | Fördert
gute Waldnutzung
FSC® C083411

Kolibri 360 GmbH
Ferdinand-Jühlke-Straße 7
99095 Erfurt, Deutschland
produktsicherheit@kolibri360.de

Druck:
CPI Druckdienstleistungen GmbH
im Auftrag der
Kolibri 360 GmbH
Ferdinand-Jühlke-Str. 7
99095 Erfurt